99 cuentos y enseñanzas espirituales

MANUEL FERNÁNDEZ MUÑOZ

99 cuentos y enseñanzas espirituales

ℙ

ALMUZARA

Editorial Almuzara • Colección Espiritualidad

Director editorial: Antonio Cuesta
Edición de Ana Cabello
Maquetación de Fernando de Miguel

www.editorialalmuzara.com
pedidos@almuzaralibros.com - info@almuzaralibros.com
@ AlmuzaraLibros

Imprime: Romanyà Valls
ISBN: 978-84-18648-78-6
Depósito Legal: CO-129-2022
Hecho e impreso en España - *Made and printed in Spain*

Dedicado con amor a mi hijo Francisco David.
La razón de ser de todos mis cuentos.

Somos seres híbridos, hijos de la tierra y del cielo, viviendo a medio camino entre uno y otro. Cuando queremos soñar, miramos hacia arriba, hacia las estrellas, donde está nuestro padre. Cuando queremos conectar con el instante, miramos hacia abajo, hacia los bosques y praderas, donde está nuestra madre. Somos cuerpo y espíritu, mente y corazón, ciencia y magia. Nos proyectamos hacia el futuro con un ojo puesto en el pasado para fundirnos en un presente continuo. Somos monos sin pelo que sueñan con los reinos divinos. Somos ángeles que han olvidado dónde guardaron sus alas. En lo más profundo de nuestro ser llevamos los recuerdos de otras vidas, de otros planetas, de otras galaxias y de otras nebulosas. Somos un segundo en la inmensidad que, sin dejar de ser una gota, también es el mar.

Índice

«Agranda la puerta, Padre, porque no puedo pasar.
La hiciste para los niños y yo he crecido a mi pesar.
Si no me agrandas la puerta, achícame por piedad;
vuélveme a la edad aquella en que vivir es soñar».

Miguel de Unamuno

Introducción

En tiempos remotos, las almas viejas de los maestros espirituales tuvieron que hacerse pequeñas para poder esconder lo más sagrado de su sabiduría en relatos infantiles que fuesen comprendidos por las generaciones venideras. De ahí nació un refrán que asegura que: «si un maestro no puede encerrar los grandes secretos del universo dentro de un cuento para niños, es porque realmente no ha comprendido esos secretos».

Muchos de estos eruditos espirituales compilaron sus libros formando historias fantásticas, como el *Bhagavad Gita*, el *Ramayana* o el *Mahabharata*. Desde la más remota antigüedad, los cuentos nos han hecho soñar con un mundo mejor, un mundo más allá del dolor y del sufrimiento.

De la misma manera que una rueda sin radios no puede girar, una vida sin ilusiones no es una vida completa. Una existencia vacía paradójicamente cansa, pesa y hastía. No obstante, si somos capaces de vincularnos con la explosión de magia que está sucediendo a nuestro alrededor, se revelará en nosotros el increíble milagro del que formamos parte, y podremos despertar y reconocer la luz de nuestra alma brillando en toda la creación. Despertar es dejar, de una vez por todas, el estado de letargo que nos ha robado la inocencia para emprender por fin el camino de autoconocimiento hacia nosotros mismos.

Cuando las personas están vacías por dentro, piensan que el dinero y las cosas materiales pueden darles la felicidad. Empero, quizás el sentido de la vida no sea tener más dinero ni más cosas, sino ser felices. Alcanzar la felicidad es sencillo para las personas que son sencillas. En cambio, si comenzamos a complicarnos la vida siguiendo los impulsos del ego y de la vanidad, no tardaremos en esconder la felicidad en algún lugar recóndito de nuestra mente, en donde nos resultará demasiado difícil volver a entrar, y estaremos condenados toda la vida a buscar fuera el tesoro que siempre hemos llevado en nuestro interior.

Cuentan que, hace mucho tiempo, el alma humana se encontró con dos habitaciones mágicas. Si pasabas a una, podías encontrar la felicidad. Pero si entrabas en la otra, encontrarías mucho dinero. El problema es que los seres humanos traspasamos la segunda puerta esperando encontrar el tesoro que solo se encontraba en la primera. Y hasta que no aprendamos a distinguir la diferencia entre una y otra, seguiremos perdidos dentro de esa oscura habitación de nuestra mente sin hallar nada, pero tampoco sin querer salir de ahí.

Quizás, como aseguran los grandes místicos, la felicidad no se encuentre en acumular propiedades, sino en disfrutar de los momentos que pasamos en compañía de nuestros seres queridos, porque todos esos instantes, juntos, forman una vida… una vida que merece ser vivida.

Cuando nos encontramos a nosotros mismos y encontramos esa hermética fuerza interior llamada amor, renacemos. El ser humano que renace tiene que sumergirse en el pozo de la sabiduría y del amor, dejando bajo el agua el cadáver de su antiguo yo. Una envoltura que le estaba ahogando en la mediocridad. Ese cadáver se relaciona con la tristeza, la ignorancia y el sufrimiento. Cuanto más carguemos con nuestra vanidad, el sufrimiento más nos atacará y más nos pesará la vida.

La luz y la oscuridad, el amor y el odio no pueden convivir en un mismo espacio al mismo tiempo. Toda la oscuridad del universo no es capaz de apagar la luz de una tímida vela. En cambio, la pequeña llama de la vela puede disipar la tenebrosidad de una habitación para que no tropecemos con nada y podamos caminar seguros. De la misma manera, solo la experiencia de la compasión será capaz de llenar el insondable abismo que se abre en el universo de nuestra alma para enseñarnos el camino hacia la iluminación. Con todo, esa experiencia y ese viaje no empiezan fuera, sino dentro de nosotros mismos.

Como podemos suponer, nadie puede ir al supermercado y comprar medio kilo de compasión y otro tanto de felicidad para hacerse un sándwich. La bondad, el amor y la virtud son algo que solo se encuentra en nuestro corazón. Por tanto, lo primero que tendremos que hacer es esforzarnos en cultivar esas semillas para que, con el tiempo, logren dar sus frutos.

Aunque todo el mundo puede comprender esto, no todo el mundo acaba de entender que la felicidad también forma parte de nuestro ser; por lo cual, tampoco podremos ir a cualquier establecimiento y comprar algo que nos aporte una felicidad completa y perfecta. Incluso en un hotel de lujo situado en alguno de los paraísos naturales de nuestro planeta, si nuestra mente no está satisfecha y en calma, no podremos disfrutar de lo que tenemos a nuestro alrededor. Empero, este camino también discurre en el sentido inverso, puesto que si nuestra mente se encuentra alegre, incluso en medio de un vertedero solo percibiremos el olor de las rosas.

Mediante el dinero podemos adquirir cosas que nos hagan la vida un poco más fácil y que nos aporten algo de comodidad. ¡Eso está bien! Pero confort no es lo mismo que felicidad. La felicidad se adquiere a través de otro comercio en el cual el dinero no tiene ningún valor. En ese negocio debemos trocar lo duro por lo blando, la oscuridad por la luz, la avaricia por la generosidad, la tristeza por la alegría, la envidia por la lealtad, el mal por el bien, la insatisfacción por el contentamiento, la muerte por la vida y, finalmente, el sufrimiento por la felicidad.

Hace algún tiempo me contaron que un hombre, buscando los secretos de su propio ser, se retiraba cada día a las afueras de su ciudad para meditar bajo la sombra de un frondoso árbol hasta que encontraba la paz que tanto ansiaba. Subyugado en aquel estado, un par de conejitos y una gacela le acompañaban fielmente allá donde iba. No obstante, en cierta ocasión, antes de salir de la ciudad, tuvo que cobrar unas deudas y se fue al bosque portando las pocas monedas que había adquirido. Sin embargo, al llegar a las inmediaciones de su árbol, se dio cuenta de que la gacela y los conejitos huían de él. Extrañado, se quedó pensando qué había cambiado con respecto a los días anteriores. Cuando metió la mano en su bolsillo y encontró las monedas, un espantoso hedor llegó hasta él, por lo que de inmediato se deshizo del dinero, comprobando así que los animalillos regresaban juguetones y contentos. Desde aquel día supo que el hedor del dinero no se lleva demasiado bien con el perfume de la espiritualidad. Un amigo mío, hace dos mil años, dijo: «No se puede servir a dos señores. No podéis servir a Dios y a las riquezas». (Mateo 6, 24).

Debido a este cambio de dirección, podríamos preguntarnos: ¿dónde se encuentra el camino hacia la felicidad y cómo puedo acceder a mi interior? La antigua sabiduría de la India revela que nuestro verdadero yo no es carne, ni sangre, ni hueso, ni está hecho de pensamientos ni de sentimientos... Nosotros somos, hemos sido y siempre seremos consciencia. Pero ¿qué es la consciencia? ¿Dónde vive, de dónde viene, qué fundamento tiene? O, lo que es lo mismo, ¿quién soy yo y qué es el yo?

Los textos antiguos aseguran que la distancia más corta entre la verdad y nuestro corazón es un cuento, y, como los grandes maestros espirituales nos han enseñado, cada cuento es capaz de mostrarnos un camino hacia el interior de nuestro propio ser para que podamos así dar respuestas certeras a las preguntas más fundamentales que la Humanidad ha venido haciéndose durante toda su existencia. ¡Por eso los cuentos son tan importantes! Porque, de una manera fácil y divertida, son capaces de revelar los secretos ocultos que llevamos escondidos en nuestra consciencia.

Dentro de la experiencia de la vida, todas las respuestas que no estén avaladas por la propia experiencia no son confiables, ya que podríamos correr el riesgo de convertirlas en dogmas que tendremos que creer a pies juntillas si deseamos ingresar en cualquier religión o secta. Pero ¿qué tienen que ver las sectas y las religiones con el secreto que llevamos en nuestro interior? ¿Quién tiene las llaves de nuestra alma sino nosotros mismos? ¿Qué libro sagrado, qué maestro iluminado, qué doctrina ancestral podría contestar esa pregunta mejor que nosotros?

Anthony de Mello solía decir que, mucho tiempo atrás, el diablo salió a pasear por el mundo junto a uno de sus hijos cuando de repente descubrieron a un hombre agachado en el suelo.

—¿Qué busca ese ser humano? —preguntó el diablillo.

—Un trozo de la verdad —contestó Satanás.

—¿Y no te preocupa? —volvió a inquirir el pequeño demonio.

— Ni lo más mínimo —siguió el diablo—. Si llegara a encontrarla, yo haría de ella una creencia religiosa.

Los cuentos espirituales son joyas de la cultura de cada nación, como las *Mil y Una Noches*, que relatan a la perfección el marco folklórico que se respiraba en Oriente Medio allá por el año 800 a. C. Al otro lado del mundo, junto al calor de las hogueras durante las noches de plenilunio, las familias tibetanas se juntaban para escuchar los famosos *Cuentos del Cadáver*, originarios de la India, que pasaron de boca a oreja, de padres a hijos, generación tras generación tras generación. Estas pequeñas historias ayudaron a preservar las enseñanzas budistas en el País de las Nieves de manera fácil y discreta, incluso después de que fuera conquistado por la República Popular China y sus monjes y monjas fueran asesinados cruelmente.

¿Quién, hablando de cuentos, no ha tenido noticia de las peripecias del contemplativo Nasrudín? Los sabios sufíes —místicos islámicos—, conscientes de la imposibilidad de trasladar su herencia espiritual al lenguaje ordinario, prefirieron sobre todo el uso de la parábola, de la analogía y de los cuentos —a veces incluso en clave de humor— para encerrar lo que no podía ser encerrado y para describir lo que no podía ser descrito. La creencia más extendida entre las cofradías de místicos que aún sobreviven es que, quien estudie tan solo siete de sus cuentos, medite en ellos y extraiga sus significados ocultos, se convertirá en un maestro de vida.

Nasrudín habría vivido en torno al siglo XIII, siendo uno de los grandes exponentes de su cultura y a quien se le atribuyen miles de peripecias. Como también a su homólogo Zhang Sanfeng, el fundador del taichí, cuya leyenda afirma que encontró la iluminación en la cima del monte Wudang al ver la lucha entre una serpiente y una grulla. De ahí que se crea que, quien practique este noble arte con la mente atenta, igualmente podrá subir a la cima de su propia montaña y alcanzar el último despertar.

Desde siempre, el trabajo de los cuentacuentos ha sido echarle un poco de azúcar a la vida. Es decir, un poco de magia para que, como decía Mary Poppins, esa píldora que nos dan pase mejor. Y que lo que en un principio fue sufrimiento, transmute su condición y se convierta en algo mágico, inspirado e inspirador que nos haga sonreír y también volar como Peter Pan.

Los cuentos, cuando son de verdad, tienen la capacidad de mover algo en nuestro interior para hacernos cantar, danzar o recitar poesía. A ese milagro yo le llamo «el despertar de nuestro niño interior». Porque es realmente ese niño o niña que llevamos dentro quien responderá y comprenderá el simbólico juego que se esconde detrás de cada enseñanza secreta. En Irlanda suelen decir que únicamente los niños, no importa de qué edad, son capaces de ver el arcoíris. El arcoíris, por otra parte, no es más que el reflejo de la mente y de los sueños de todos los niños del mundo.

Curiosamente, muchos de los cuentos antiguos pretenden mostrarnos el camino de la meditación y de la introspección para alcanzar la sabiduría. Si han tratado de sentarse a meditar por sus propios medios, ya se habrán dado cuenta de que controlar nuestros pensamientos es muy difícil. Cuando algo nos perturba, la mente nos lo devuelve una y otra vez como si entrásemos en un bucle. Quizás no fuimos diseñados para sufrir, de ahí que el desconsuelo nos resulte extraño y no sepamos qué hacer con él. Sin embargo, la meditación es la gran medicina de la mente. Como mi maestro solía repetir: «No todos los ojos cerrados duermen ni los ojos abiertos ven».

Yo siempre digo que, gracias a que mis padres me enseñaron a lavarme los dientes tres veces al día, hoy tengo una higiene bucal sana. Sin embargo, si también me hubieran enseñado a meditar tan solo cinco o diez minutos cada mañana y cada tarde, hoy sería capaz de controlar mi mente en lugar de ser controlado por ella, con lo que quizás podría haber evitado tomar muchas malas decisiones.

Sinceramente, no recuerdo que, mientras cursaba la enseñanza reglada en mi país, mis profesores me hablaran ni una sola vez de la magia que se respira a la vera del Ganges, escuchando y repitiendo los sagrados mantras que propone el hinduismo. Tampoco recuerdo que me dijeran nada acerca de la sabiduría que encierra la reflexión silenciosa de los numerosos versos de los Vedas y del *Bhagavad Guita*. Desgraciadamente no me hablaron de las joyas que se esconden en cada rincón de Jerusalén ni de la magia que se respira cuando das siete vueltas a la Kaaba, en La Meca. No me dijeron nada de la belleza que llevo en el interior de mi cuerpo, ni de cómo sacarla para que brille al sol. No me enseñaron a dominar mis pensamientos, ni a subyugar mis bajas pasiones, ni a comprender mis instintos.

Ningún libro de texto me advirtió de la riqueza de la búsqueda espiritual, ni de la pobreza de quien está sometido a la ignorancia… como tampoco me refirieron nada de la soledad del sendero del conocimiento.

Durante años, mis tutores se empeñaron en obligarme a memorizar datos y más datos que, aseguraban, serían fundamentales para la formación de mi personalidad. Conocimientos que, sin embargo, después no me han servido absolutamente para nada. Tristemente, nadie me enseñó lo único verdaderamente importante, lo único auténticamente fundamental: a conocerme a mí mismo, a buscar la autorrealización y a ser mejor persona.

Cuando salí del instituto podía recitar de principio a fin la dinastía de los reyes godos, pero no podía comprender por qué los seres humanos sentimos miedo, celos, ira y frustración. De un modo u otro, la educación occidental me enseñó a ser más competitivo, a intentar vencer a los demás, pero nunca me enseñó a superar mis propios temores ni a dar respuesta a mis más íntimas inquietudes. Por algún macabro negocio, en Europa y América hemos dado más valor a la competición y al egoísmo que a la contemplación y a la solidaridad.

Los que intentaban modelar mi futuro tenían vidas llenas de sufrimiento. A pesar de que sabían ubicar todos los ríos de España, e incluso sus afluentes, no habían aprendido a dominar sus pensamientos, ni a controlar sus emociones ni a poner a dieta sus bajas pasiones. Solo cuando fui consciente de esta locura, pude coger las riendas de mi destino. Tal vez por eso, durante años, me dediqué a recorrer el mundo buscando maestros que me enseñaran el arte de vivir. Con todo, debo reconocer que, en ocasiones, sus charlas se me hacían tan insoportables, que tenía que luchar contra el sueño para no caer desmayado. No obstante, no debía ser yo el único, ya que únicamente cuando el maestro comenzaba a contar algún cuento, el auditorio volvía en sí y los que antes no parábamos de bostezar, ahora nos despertábamos los unos a los otros dándonos golpes con los codos porque sabíamos que el momento que estábamos esperando había llegado.

Así las cosas, debo confesar que, después de más de media vida de búsqueda, de entrevistas y de convivencia con los grandes maestros espirituales de nuestro tiempo, recuerdo bastante poco de sus charlas, pero sin embargo no he podido olvidar ninguno de sus cuentos.

«Cuando tenía veinticinco años salí de la iglesia en la que me habían educado y me colé dentro de una mezquita. A los treinta salí de la mezquita y entré en una sinagoga. A los treinta y cinco me echaron de la sinagoga y me metí en una *gompa* —templo budista—. Algunos años más tarde abandoné la *gompa* y me senté a los pies de diferentes gurús de la India. Ahora, con más de cuarenta años, mi corazón se ha convertido en una iglesia, en una mezquita, en una sinagoga, en una *gompa*, en una *gurdwara* y en un templo».

LA TABERNA DEL DERVICHE.

En la orilla de la madurez, cuando yo mismo empecé a enseñar y a dar conferencias, noté que las personas que venían a escucharme soportaban a duras penas mis clases de sabiduría tradicional, pero cuando les contaba algún cuento, sus ojos brillaban y se emocionaban con mis palabras. ¡Y era normal! Las enseñanzas antiguas fueron compiladas por personas de otros tiempos y estaban pensadas para mentes con otro acervo cultural diferente al nuestro. ¿Cómo, por tanto, podía equiparar el lenguaje del presente con el de personas que vivieron dos mil años atrás?

Los cuentos fueron el vehículo que encontré para tocar las almas de mis alumnos así como las de todos los radioyentes que años más tarde sintonizaron Radio Nacional de España para escucharme. Únicamente entonces fui consciente del poder de los cuentos espirituales y decidí que yo también podía ayudar a mis semejantes a salir del sufrimiento a través de las experiencias que había vivido, de los cuentos que había escuchado y de la sabiduría que había aprendido.

Curiosamente, la mayoría de mis alumnos eran mayores que yo, lo que no fue óbice para que, cuando llegaba el final de la clase, se acomodaran a mi alrededor a escuchar con expectación la fábula que los convirtiera por unos instantes en niños de corta edad.

Poco a poco empecé a imaginarme a Jesús acompañado de Budha, de Krishna y de Mahoma, y me emocionó poder sentarme a su lado a escuchar sus conversaciones mientras hacíamos noche en algún *caravanserai* camino de Jerusalén, hacia donde nos dirigíamos para alzar nuestras voces a ese Dios interior que yo ansiaba encontrar para poder sacar de su letargo y que el mundo lo conociera como merece ser conocido. Ese Dios que muchos llaman Universo, Mente Mayor, Energía, Yahvé o Allah, pero que a mí me gusta llamar sencillamente Padre.

A veces, cuando buscamos la libertad del espíritu, nos encontramos con diferentes dogmas que nos atan, esclavizan y amordazan. En cambio, la sabiduría que encierran los cuentos es capaz de liberar al ser humano de las cadenas de la ignorancia, del ego, de la violencia y de todo lo que no sea la luz que brilla en nuestro interior. Por tanto, la única religión de aquellos que anhelan recuperar su alma olvidada es transitar el camino de retorno hacia esa capilla interna donde el amor es nuestra verdadera doctrina y nuestra fe.

Todo lo que no sea amor es un ídolo falso, y sus voceros son falsos profetas, puesto que si bien únicamente hay un sol que nos guía, también hay infinidad de luces de neón que el hombre ha confundido con la luminosidad de su alma. Para el amor, los amantes no son musulmanes, ni judíos, ni cristianos, ni hinduistas, ni budistas…, sino solo amantes; por lo que son a la vez judíos, cristianos, hinduistas, musulmanes y budistas, ya que han comprendido qué es la unicidad en el amor y, comprendiendo esto, han conocido que el verdadero sol mora en su interior.

Ve recogiendo tus sueños y vertiéndolos en un caldero a la luz de la luna la Noche de San Juan. Sopla sobre ellos tus bendiciones en un cruce de caminos mientras remueves bien la pócima para que el amor y los sueños queden bien mezclados. Mete además un grano de mostaza para que se convierta en fe; un dedal de esperanza para que la fe se convierta en fuerza; y una pizca de compasión para protegerte de los malos espíritus. Déjalo cocer lentamente en las fraguas de tu búsqueda interior mientras entonas las palabras mágicas que tu abuelita te repetía cuando la abrazabas fuertemente. Reparte después el contenido entre los hombres y mujeres de buena voluntad para que beban y calmen su sed. Cuando todos estén saciados, sonríe siete veces y guiña un solo ojo tres. Da vueltas sobre ti mismo hasta que notes que la locura va llegando. Justo en ese momento, grita al viento lo que hayas encontrado en tu interior... Ese es el verdadero nombre de Dios.

–1–
El abuelo y su nieto

É rase una vez un abuelito que todos los días iba a recoger a su nieto al colegio. Junto a su cachorro Toby, ambos esperaban al pequeño y, cuando salía de clase, paraban en el parque para jugar un rato, riendo y saltando hasta la hora de comer. Cierta mañana, mientras el niño estaba en la escuela, el anciano se dio cuenta de que Toby ya no se movía, ni ladraba, ni podría jugar nunca más. El cachorro había entrado en el «Gran Silencio».

El hombre, comprendiendo que su nieto era demasiado pequeño para entender lo que era la muerte, ideó un plan. Rápidamente cogió lápiz y papel, y escribió una carta que metió en un sobre dibujando algo parecido a la huella de un cachorro en él. Así, con la carta en el bolsillo, fue a recoger a su nieto.

El niño, al salir y no ver a su mascota, miró a su abuelo y le preguntó:

—Abuelito, ¿dónde está Toby?

—No lo sé, hijo mío. Esta mañana encontré su caseta vacía y esta carta en su interior. Creo que va dirigida a ti. Quizás deberías leerla.

El pequeño, con cara de asombro, abrió la carta y leyó en voz alta:

«Hola, soy Toby. Verás, esta mañana pensé que esta caseta se me había quedado demasiado pequeña y sentí mucha curiosidad por ver el mundo, así que he decidido salir de viaje. No te preocupes por mí, te prometo que cada mes te escribiré una carta y te contaré cosas de todos los lugares donde vaya. Te quiere, Toby».

El niño miró a su abuelo y exclamó:

—¡Abuelito, Toby se ha ido de vacaciones! Pero ¿adónde habrá ido? ¿Cuándo regresará…?

El anciano, encogiéndose de hombros, contestó:

—Creo que tendremos que esperar una nueva carta para averiguarlo.

Al cabo de un mes, el pequeño encontró una carta firmada con la huella de un cachorro en el buzón y, muy contento, la abrió y leyó:

«Hola, soy Toby. Estoy en Venecia. ¡No te lo vas a creer! Aquí las calles son de agua. Ayer te vi montado en una góndola. Te quiero. Volveré a escribir. Toby».

El pequeño buscó a su abuelo y le enseñó la carta:

—Mira, abuelito, es de Toby. Dice que está en Venecia y que me vio montado allí en una góndola. ¿Cómo puede ser, si yo no me he movido de aquí?

—No lo sé —contestó el anciano—. Creo que tendremos que esperar más cartas de Toby para poder aclarar este misterio.

Al siguiente mes, el pequeño encontró otra carta en el buzón que decía:

«Hola, soy Toby. Estoy en la India. ¡No te lo vas a creer! Aquí la gente se sienta de una forma muy rara. Llevan turbantes en la cabeza y se pintan un lunar rojo en la frente. Te vi ayer cuando te bañabas en las orillas del río Ganges. Te quiero. Te volveré a escribir. Toby».

El niño, intrigado, buscó de nuevo a su abuelo y le enseñó la carta:

—Mira, abuelito, es de Toby. Dice que ahora está en la India y que me vio allí mientras me bañaba en el Ganges. ¿Cómo puede ser, si yo no me he movido de aquí?

—No lo sé, hijo mío —volvió a contestar el anciano—. Creo que tendremos que esperar más cartas de Toby para poder aclarar este misterio.

Así, todos los meses el pequeño fue recibiendo cartas de su mascota hasta que, cierto día, el abuelito cayó muy enfermo, no pudo levantarse más de la cama, entró en el «Gran Silencio» y murió. No obstante, al día siguiente, una última carta esperaba en el buzón. Una carta que decía así:

«Hola, hijo mío, soy tu abuelo. Verás, como a Toby, este cuerpo se me ha quedado demasiado pequeño y he tenido que salir de viaje para ver otros mundos. Igual que él, adonde vaya, te veré en otros cuerpos, en otros lugares, incluso en otros tiempos... porque te llevo en mi corazón, y, llevándote en mi corazón, puedo verte en todas partes. Todo en esta vida cambia pero sigue igual, porque el amor verdadero dura para siempre y ve más allá de las formas. Por eso, no estés triste, porque si tú también me quieres, me verás en otros lugares vistiendo tal vez otros vestidos, pero seguiré siendo yo y te seguiré amando, porque la muerte no puede ser el final de algo que no tiene principio. Te quiero. Te volveré a escribir. Tu abuelo».

ENSEÑANZAS

Recuerdo que, cuando murió mi abuelita, yo podía verla en todas partes e incluso en otras personas. Su forma de andar, de sonreír, el olor de su perfume... Si estaba atento, podía percibir su alma en todo el universo. Eso me dio qué pensar y llegué a preguntarme si lo que me estaba ocurriendo no tendría algo que ver con los relatos evangélicos de la resurrección, cuando los cronistas aseguran que Jesús se apareció a sus discípulos bajo diferentes formas. Y tal vez, solo tal vez, la resurrección sea eso, la liberación del alma, encadenada a un cuerpo, que finalmente llega a fundirse con el Todo para vivir también en otros cuerpos, en otros lugares y en otros tiempos.

Puede que, cuando nuestros seres queridos ya no están, nuestra mente despierte a esta realidad y se nos aparezcan bajo diferentes formas para enseñarnos una última lección: que todos somos uno, que estamos unidos y que juntos formamos la totalidad de la existencia, que, a su vez, está sentada en un trono llamado amor.

–2–

Aprender meditación

Cuentan que, en cierta ocasión, mientras un monje zen daba su paseo matutino, se encontró con una lámpara mágica. Al frotarla, un imponente genio salió de su interior y le dijo:

—Por haberme liberado de la lámpara, te concederé tres deseos.

El monje se alegró mucho y, frotándose las manos, dijo:

—¡Estupendo! Pues, de la misma manera que yo te he liberado de esa cárcel, deseo que tú liberes de la cárcel del sufrimiento a todos los seres que sufren.

El genio frunció el ceño y replicó:

—Yo no puedo hacer eso, ellos son demasiados y yo solamente soy un genio. Te ruego que me pidas otro deseo.

Compadeciéndose de él, el monje asintió con la cabeza y dijo:

—Está bien, lo comprendo. En tal caso, de la misma manera que yo te he liberado de tu cárcel, quiero que tú me liberes a mí de la prisión del sufrimiento.

El genio, mirándolo a los ojos, volvió a replicar:

—¿Y qué puedo hacer por ti para que seas feliz? ¿Deseas grandes riquezas, fama, fortuna…? —

El monje sacudió la cabeza.

—No, yo no quiero nada de eso. Lo único que quiero es ser feliz.

Pero el genio volvió a replicar:

—Lo siento, pero no sé cómo puedo hacerte feliz. Te ruego que me pidas otro deseo.

El monje entonces le dijo:

—Está bien. Deseo que tú mismo te liberes del sufrimiento y que encuentres la felicidad.

Al oír aquellas palabras, el genio se quedó pensando y le dijo al monje:

—En tal caso, tengo que pedirte una cosa, que me enseñes a meditar...

Y fue así como el genio y el monje se sentaron juntos, meditaron, salieron del sufrimiento y alcanzaron juntos la felicidad.

ENSEÑANZAS

Cuando llegué a la India, mi maestro me contó una historia para que comprendiera lo que es la meditación. Me dijo que hacía mucho tiempo un príncipe —nuestra consciencia— quedó atrapado en una torre muy oscura donde el tiempo y el espacio no existían. Curiosamente, cuando cerramos los ojos, nuestra consciencia se ve sumida en la más absoluta oscuridad, tanto que a veces no somos conscientes siquiera del paso del tiempo. El símil perfecto es el príncipe encerrado en el palacio. No obstante, por alguna especie de magia, en algún momento el príncipe distingue a lo lejos una pequeña luz, como si alguien hubiese encendido un fósforo en la distancia. Sorprendido, decide caminar hacia ella y va descubriendo que, poco a poco, la luz se va haciendo cada vez más grande y que puede ver que hay cosas a su alrededor. La oscuridad se va disipando y descubre un mundo nuevo que le rodea. Aquella claridad va iluminándolo todo a medida que se va acercando y, en algún punto del camino, el príncipe llega a recordar que esa luz es algo que él había perdido; como si al principio de su existencia hubiera dejado olvidado ese gran tesoro que ahora acababa de encontrar de nuevo. Cuando el príncipe reconoce que esa luz es algo suyo, va iluminándose él mismo hasta que las dos luces llegan a juntarse. ¡Esa es la iluminación de la que hablan los sabios! Pero la pregunta que todos nos hacemos es: ¿quién encendió de nuevo, después de tanto tiempo, esa luz? ¿O es que siempre estuvo encendida pero, por alguna razón, antes no podíamos verla?

A través de la constancia en el proceso de sentarnos y de sentirnos, se despertarán en nuestro interior cualidades latentes que irán encendiendo luces que creíamos apagadas. Esas luces nos ayudarán a distinguirnos mejor a nosotros mismos, así como a percibir nítidamente lo que nos rodea para que no tropecemos en el camino de la vida.

Hay personas que se acercan a los templos y hacen ofrendas de luz. ¡Eso está bien! Pero también hay quien aprende a meditar, canta mantras, se convierte en luz y se ofrece a sí mismo para iluminar el camino de los demás. ¡Eso está mucho mejor!

Una vela no pierde su luz por prender otra vela, sino todo lo contrario. Con la meditación, descubriremos que somos luz, que venimos de la luz y que vamos hacia la luz. Aprenderemos que los pensamientos que vienen de la luz se convierten en sentimientos luminosos, y que los sentimientos luminosos se convierten a su vez en actos y palabras luminosas. Por tanto, seres luminosos somos... aunque lo hayamos olvidado.

Las primeras palabras de Dios en la Biblia son: «¡Hágase la luz!», que en hebreo se pronuncia *Yehi*. Cuatro letras que derivan del nombre de Dios, Yahvé. Lo que significa que Dios puso su luz en la creación, es decir, que se vertió a sí mismo en nosotros. Tanto en el Antiguo como en el Nuevo Testamento, la palabra luz es símbolo de vida, de felicidad y de renacimiento. El profeta Isaías se refiere a Dios como la luz de Israel, y Jesús dice de sí mismo que es la luz del mundo. Siddhartha, cuando se sentó bajo el árbol *Bodhi*, se convirtió en Budha. Es decir, que alcanzó la iluminación y se transformó en luz. Por tanto, la meditación es un conjunto de técnicas que, aplicadas hábilmente, nos ayudarán a alcanzar nuestro propio amanecer, a despertar del sueño de la ignorancia, descubriendo a su vez que la noche es fantasía y que solo estaba en nuestra imaginación.

La iluminación es el estado último por el que no se busca la luz, ya que nos hemos convertido en luz. De manera que ya no tenemos sed ni deambulamos de acá para allá deseando llenar nuestro recipiente, pues nos hemos convertido en la fuente.

Para muchos, meditar es sinónimo de recordar, ya que se han olvidado de quiénes son. A otros les gusta más la palabra «familiarizarse» porque, de tantas máscaras como se han puesto para relacionarse con el mundo, se han convertido en extraños incluso para sí mismos. Algunos prefieren pensar que meditar es un adiestramiento de la mente, ya que se han dado cuenta de que en ella se esconde la llave de la felicidad.

Para mí, meditar es buscar el silencio, porque el silencio está lleno de paz, serenidad y mucho amor. Por eso creo que meditar es sinónimo de aprender a amar y de buscar un refugio interior al abrigo de las emociones negativas y de las personas tóxicas.

Muchos dicen que meditan para conocerse y reconocerse. Otros lo hacen para viajar hacia la Inmensidad sin necesidad de intermediarios. Algunos se sientan con la espalda recta para conseguir la unión mística con el Ser Supremo, con lo Divino, con lo Inefable... Cuando yo me siento y cierro los ojos, viajo hacia un lugar donde los pensamientos se quedan atrás. Un espacio donde no hay nada, pero tampoco está vacío. Es como una tierra pura donde habita la conciencia y los pensamientos aún no han llegado. De hecho, la puerta hacia ese lugar se abre entre el pensamiento que ha pasado y el que está por llegar. En ese sitio encuentro una extraña paz que me reconforta. Realmente no sé si eso es meditar, pero lo que sí sé es que, en ese estado, el silencio se hace canción y a veces suena como la sílaba OM. Otras veces me parece que es como un universo interior que Dios no ha acabado de construir y que me invita a hacerlo a mí. Es a ese lugar adonde te invito a entrar con este libro.

–3–
Sentarte en la mesa con Judas

Todo el mundo sabía que mi maestro tenía el don de la clarividencia. Solía usar esta facultad para ayudar a sus discípulos a enfrentarse a sus demonios internos. Cuando estaba en su presencia, miles de pensamientos oscuros sacudían mi mente como el veneno que se revuelve al notar la cercanía del antídoto. Cierto día discutí acaloradamente con uno de los chicos que frecuentaban nuestra *Dergah* —monasterio de derviches—, lo que me llenó de agitación y de violencia. Cada vez que oía su voz, un calor recorría mi cuerpo y podía sentir el intenso rechazo que me estaba invadiendo. Mi maestro, al darse cuenta de lo que me estaba ocurriendo, se acercó a mí y me dijo:

—¡A ese que odias, no te atrevas a convertirlo en tu dueño!

Con los ojos muy abiertos, repliqué:

—Señor, no sé cómo puedo liberarme de estos sentimientos.

Por lo que mi maestro me aconsejó:

—No puedes sofocar el fuego con fuego. Cada vez que escuches su voz y sientas que el rechazo se apodera de ti, piensa que de esa manera le estarás regalando a tu enemigo tu paz y tu tranquilidad. Cuando recuerdas lo que te perturba de él, lo pones por encima de ti mismo y te conviertes en su siervo, pues le has dado la potestad de dominar tu vida. Si quieres arrebatarle toda la autoridad que le has otorgado, debes recuperar el control de tus pensamientos y enfocarlos hacia otro lugar que no sea aquello que te perturba. Judas era el ladrón que vendió a Jesús por treinta monedas. Tú debes aprender a sentarte en la mesa con Judas sin que te robe tu paz.

A veces, cuando me siento en el cojín de meditación, observo cómo el deseo invade mi mente y me llena de agitación. Al rechazar esas emociones, por alguna clase de hechizo, empiezan a crecer y a crecer hasta que invaden por completo mi mente, llenándome de ira y frustración. En cambio, si sencillamente me dedico a observar con benevolencia mis pensamientos, comprendiendo además por qué surgen, al cabo de poco tiempo las emociones negativas se hacen cada vez más pequeñas y dejan de molestar.

Cuando tengas que vivir una experiencia negativa, observa el deseo que surge en tu mente, luego observa el rechazo y, finalmente, sonríe pacíficamente, sin inmutarte. A esa sonrisa, en la India, también la llaman meditar.

Si te dejas llevar por el rechazo, esa impresión mental se convertirá en enfado, el enfado en ira, y la ira se mudará en otras tantas emociones negativas más relacionadas con la tristeza y la malevolencia. Como reza el adagio, si el demonio viene a tentarte, invítalo a jugar con tus ángeles.

La mente tiene la capacidad de magnificar las emociones de tal manera que hará que, en un abrir y cerrar de ojos, un grano de arena se convierta en una montaña. Meditando, aprenderemos a dominar esa malsana tendencia de la mente y volveremos a ver las cosas tal cual son.

Si hacemos que un gran problema se convierta en un pequeño problema, podremos saltarlo fácilmente. No obstante, si realmente resulta que es tan alto como una montaña, nos prepararemos para afrontar la caminata hacia la cumbre de la mejor manera posible. Aunque el dolor es inevitable, el sufrimiento es opcional, ya que depende de nuestra mente y de cómo aprendamos a controlar su tendencia negativa a crecer dentro de nosotros.

«Budha contaba que había una vez un reino cuyo emperador, una persona buena y sabia, se ausentó de palacio. Aprovechando su falta, un terrible monstruo entró en la ciudad. Su silueta era tan espantosa que helaba la sangre a todos los que se cruzaban con él. Al ver que los soldados temblaban de miedo y que el sillón del trono estaba vacío, el monstruo decidió sentarse en él. Pero entonces el capitán de la guardia recobró el sentido, se dirigió hacia la criatura, sacó su espada y la amenazó: ¡Si no te levantas de ahí enseguida, te cortaré en dos!

No obstante, esas pocas palabras hirientes fueron suficientes para que el monstruo creciera un poco más y pareciera más terrible y peligroso. Al ver al capitán enfrentándose a aquella criatura, el resto de los soldados reaccionaron, sacaron también sus espadas y gritaron al monstruo: "¡Levántate del trono de nuestro rey o te haremos pedazos! Tú no puedes sentarte ahí".

Pero con cada palabra desagradable, con cada acción desagradable, incluso con cada pensamiento negativo, el monstruo crecía un poco más. El pueblo, al ver que la guardia no conseguía nada, se reunió alrededor del sillón del trono con palos y antorchas e insultaron y amenazaron a la bestia, que cada vez iba creciendo más y más hasta que de repente el rey regresó a su palacio.

Curiosamente, este rey no había conseguido el trono a causa de su linaje, ni por haber sido la persona más rica de la región, ni siquiera por su fuerza física, sino por su gran sabiduría. Así que, cuando vio a la enorme bestia, en lugar de enfadarse, se dirigió a ella y le dijo:

—¡Bienvenida! —Y con esas palabras, la criatura menguó un poco. Luego siguió diciendo— Gracias por venir —y el monstruo siguió menguando un poco más. Entonces el pueblo se dio cuenta de su error y empezaron a ser amables con el monstruo, y el monstruo siguió menguando y menguando. Cada acto, palabra y pensamiento positivo hacía que la criatura se achicara un poco hasta que al final acabó desapareciendo. Así es como todos comprendieron que el odio se alimenta de odio para sentarse en el trono de nuestra vida y seguir creciendo y creciendo cada vez más».

Cómo sobrevivir en un mundo de egoístas.
Editorial Cydonia

–4–
La capacidad de adaptarse

É rase una vez un pequeño pajarillo que durante mucho tiempo se dedicó a buscar un lindo árbol para hacer su nido. Cuando por fin pudo encontrarlo, fue juntando ramas hasta que terminó su casita. Realmente se sentía muy satisfecho y orgulloso de su labor. Todas las mañanas salía a buscar comida y regresaba antes del anochecer para cantar y contemplar el bosque. Cierto día, de regreso a casa, encontró un hueco vacío donde anteriormente estaba su árbol. ¡Un leñador lo había cortado! El pajarillo, muy triste, se dedicó a dar vueltas alrededor de lo que quedaba del tronco, repitiendo sin cesar: «¡Mi árbol! ¡Mi árbol! ¡Alguien me ha quitado mi árbol!».

Así, al cabo de un rato, exhausto, cayó al suelo y un zorro lo atrapó y se lo llevó. En cambio, a otro pajarillo le sucedió exactamente lo mismo, pero en lugar de quedarse dando vueltas quejándose y fatigándose, buscó otro árbol, hizo otro nido y vivió feliz.

ENSEÑANZAS

Cuando las inclemencias de la vida corten nuestro árbol tenemos la opción de quedarnos dando vueltas alrededor de lo que queda de un tronco inservible, quejándonos de nuestra desgracia. Si hacemos eso, más pronto o más tarde caeremos al suelo, derrotados por el mundo, y el sufrimiento vendrá y nos llevará consigo como un zorro. No obstante, también podemos hacer como el segundo pajarillo: superar nuestro apego por las cosas materiales y comenzar de nuevo… porque la vida siempre está comenzando de nuevo.

Dependiendo de las gafas que llevemos puestas, si un leñador tala nuestro árbol, podemos pensar que el mundo se nos viene encima… o que es el principio de una nueva aventura.

La felicidad es como un tesoro que guardamos en nuestro interior. Siempre la hemos llevado con nosotros. Sin embargo, al no comprender esta realidad, creemos que se encuentra en los objetos de fuera, en las personas que nos rodean o incluso en la satisfacción de nuestro ego. Y es así justamente como perdemos no solo la felicidad, sino también la libertad.

Si creemos que para ser felices necesitamos una casa llena de lujos o un coche de alta gama, estaremos supeditando nuestra felicidad a una serie de objetos cualquiera. Si, por alguna razón, no consiguiéramos la casa que deseamos, o alguien rayara nuestro coche, sufriríamos enormemente.

Este sortilegio actúa de igual forma con las personas. Cuando conocemos a alguien que nos agrada, instintivamente nos sentimos bien, por tanto, le damos poder para que siga haciéndonos sentir lo mismo cada vez que nos veamos. Sin pensarlo, estamos supeditando nuestra felicidad a esa persona, convirtiéndonos así en sus esclavos.

Si el tiempo pasa y no volvemos a verla, o ella no siente lo mismo por nosotros, el deseo no satisfecho se convertirá en rencor, el rencor en resentimiento, y el resentimiento en malicia. Por tanto, la próxima vez que la veamos, no seremos nosotros quienes hablemos, sino todas esas emociones negativas que fueron degenerando a partir del deseo no satisfecho.

Por la experiencia meditativa podremos ir conociendo cómo el deseo se muda en emociones, y cómo estas se disfrazan de personas para aparecer en nuestro día a día. Si las hemos reconocido dentro de nosotros, también podremos reconocerlas cuando se acerquen desde fuera para ponerles freno.

Lo más importante para alcanzar la felicidad es ir quitando los amarres que tú mismo has ido poniendo a tu libertad para volver a recuperar el control de tu vida. Hasta que no comprendas que la felicidad solo depende de ti, nunca llegarás a ser feliz.

–5–

Daniel es un niño normal

Mi sobrino se llama Daniel, tiene 6 años y es un niño normal con cualidades especiales. Tiene hiperactividad y, además, le diagnosticaron un lento aprendizaje. Cuando nació, su madre miró al cielo llorando y preguntó por qué Dios le enviaba un niño así. La vida de Inma desde entonces no ha sido fácil. Ha tenido que luchar contra propios y extraños para que Daniel no sea discriminado. Este año, en la fiesta de fin de curso, la clase de Daniel tenía preparada una canción. Sin embargo, a última hora, su maestra decidió que Daniel no podía cantar con los demás porque no se sabía bien la letra y distraería a sus compañeros. Llegó el día de la celebración y todos los niños se subieron al escenario. Mi sobrino, desde la grada, contemplaba la escena con tristeza y nos miraba de reojo sin comprender por qué no podía subirse a cantar con sus amigos. Pero, de repente, antes de empezar la representación, una niña pequeña se dio cuenta de que Daniel estaba entre el público, avisó a sus compañeros y todos bajaron por él. La pequeña cogió a Daniel de la mano y lo subió al escenario. Cuando empezó la música, era evidente que mi sobrino confundía la letra de la canción, pero eso no fue excusa para que sus amigos lo guiaran durante toda la función, bailando y divirtiéndose juntos. En tres o cuatro minutos, que es lo que duró la melodía, todos los amiguitos de Daniel se volcaron para ayudarle. Asimismo, el público, al darse cuenta de lo que estaba pasando, estalló en aplausos y vítores, mientras nosotros llorábamos de emoción. Ese día comprendimos que Daniel es un regalo del cielo, y que Dios y el diablo se encuentran en la reacción que los demás tienen cuando lo ven y lo tratan. Mi sobrino se bajó del escenario lleno de alegría y de emoción. ¡Jamás le había visto tan feliz!

ENSEÑANZAS

Cada día cientos de niños y niñas con autismo, síndrome de Down, retraso madurativo y otras características especiales son apartados de la sociedad por indigentes morales en cuyos corazones no cabe siquiera una pizca de amor y compasión. No saber amar es la mayor de las discapacidades, y es precisamente a estos enanos mentales a los que habría que apartar de la sociedad para que no intoxiquen con sus juicios preconcebidos a nadie y no sigan haciendo sufrir a criaturas inocentes.

-6-
¿Hombres o animales?

Cuenta la leyenda que un sultán tenía el palacio más bello del mundo. Tanto era así, que cientos de reyes y personajes ilustres peregrinaban desde todos los rincones del planeta únicamente para recorrer sus pasillos y admirar sus amplias salas. El sultán se complacía en guiar a sus invitados personalmente por todas las habitaciones y jardines, explicándoles además los entresijos de la construcción y la manera en que la piedra había sido labrada. Y eso fue precisamente lo que pasó cuando un célebre arquitecto arribó al palacio. El sultán recorrió junto al erudito todas las dependencias, contestando amablemente a las preguntas que aquel le formulaba. Casi al finalizar el *tour*, el monarca abrió una de las puertas en cuyo interior se encontraba una gran mesa repleta de selectas viandas y unos cachorrillos sentados a su alrededor, esperando pacientemente su turno para probar la comida. Tan adiestrados parecían, que el arquitecto quedó impresionado.

—¿Esta es la habitación donde comen los animales? —preguntó el arquitecto.

—Oh no —contestó el sultán—. La habitación donde comen los animales es la siguiente—. Entonces abrió la puerta contigua en cuyo interior había una decena de hombres y de mujeres abalanzándose sobre sus platos de comida, devorando los alimentos como si no hubiesen comido jamás.

—Ve usted —continuó el monarca—, la habitación de los animales es esta. En la otra solamente hay cachorrillos. Durante muchos años he intentado educar a mis hijos para que dominaran sus bajos instintos, pero como puede comprobar, no lo he conseguido y siguen comportándose como animales. Sin embargo, en tan solo unos meses de adiestramiento, los cachorrillos consiguieron comportarse como personas, haciendo lo que mis hijos todavía no saben.

ENSEÑANZAS

El Profeta Muhammad puso gran interés en que su comunidad siguiera unas normas morales muy concretas en la Arabia de la época. A la hora de comer, los comensales debían lavarse bien las manos, puesto que comerían con ellas, especialmente con la derecha. Únicamente si todos estaban sentados se podía empezar. Las manos no debían vagar por el plato compartido, eligiendo los mejores manjares, sino que cada quien debía conformarse con lo que le tocase enfrente. También era de buena educación dejar los mejores trozos para las personas mayores. Dar las gracias a Dios, pronunciando la palabra «*bismillah*», se consideraba un gesto amable, así como pedir bendiciones para los anfitriones. Durante la comida uno no podía reclinarse en el asiento, como si estuviera a punto de echarse una siesta, ni tampoco podía eructar o criticar los alimentos, puesto que sabemos que cada quien tiene gustos distintos y que el anfitrión siempre ofrece lo mejor que tiene. En cierta ocasión el Profeta pidió a una mujer si tenía algo con lo que poder mojar el pan, por lo que la mujer le trajo un poco de vinagre. El Profeta, lejos de quejarse, comenzó a mojar su pan en el vinagre y a elogiar la calidad del mismo. Parte de la buena conducta al comer era no atiborrarse, puesto que llenar completamente el estómago se consideraba perjudicial para la salud y causaba somnolencia. Para que no hubiera personas que destacaran más que otras, estaba prohibido que la vajilla estuviese adornada de plata u oro.

Aunque han pasado más de mil cuatrocientos años desde que el Profeta estableció estas recomendaciones, desafortunadamente a día de hoy todavía hay seres humanos que se comportan como bestias cuando se sientan a la mesa.

–7–
El ateo que ganó el Paraíso

Cuando se reunieron en las puertas del cielo las almas de cuatro hombres que habían fallecido recientemente, el ángel guardián miró su lista, encontrando solamente el nombre de uno de ellos, lo que causó un gran revuelo entre los demás, asegurando que debía haber algún error.

Así, uno por uno, intentando justificarse, los hombres fueron presentándose y explicando cómo habían vivido.

—Yo soy musulmán —dijo el primero—, y he perdido mi vida combatiendo contra los infieles en la guerra. ¡Merezco el Paraíso!

El siguiente dijo:

—Yo he sido sacerdote cristiano y he permanecido en reclusión en medio de una ciudad de locos pervertidos. ¡Merezco el Paraíso!

El tercero aseguró:

—Yo he sido monje budista y he enseñado la ciencia de la meditación y difundido la palabra de Budha. ¡Merezco el Paraíso!

Pero el cuarto, el único que sí aparecía en la lista, bajando la cabeza y encogiéndose de hombros, dijo:

—Yo jamás me he preocupado de batallar contra nadie, no me he recluido en ningún lugar, ni tampoco he hecho proselitismo de ninguna religión. Gasté mi vida curando a los enfermos y ayudando a las personas más necesitadas. Nunca tomé nada que no fuera mío ni dije una palabra más alta que otra.

Fui paciente y tolerante con mis enemigos, y jamás deseé mal alguno a mis hermanos. Busqué tiempo en mi día a día para recordar a mis mayores y trabajé para ser mejor persona. ¡No creo merecer el Paraíso!

Tras oír este testimonio, los demás hombres clamaron dando gritos sin comprender nada, por lo que el ángel, poniéndose frente a ellos, dijo al primero:

—Tú has sido un asesino y has matado a muchos hombres y mujeres dejándote seducir por tu propia oscuridad. ¿No se te dijo en el Sagrado Corán que los nombres más bellos de Dios son amor, misericordia y compasión? Todo emana del amor, pero te llenaste de odio y perdiste tu alma. ¡No entrarás en el Paraíso!

Dirigiéndose ahora al segundo hombre, dijo:

—Tú has sido un egoísta, pues viendo a tanta gente cometer pecados a tu alrededor, nunca los llamaste al camino de la virtud y solamente pensaste en tu propio beneficio. Si te hubieses enfrentado al mal, habrías ganado un lugar privilegiado en el Paraíso. ¿No has leído en el evangelio que Jesús dijo «he venido a servir»?

Dirigiéndose al tercer hombre, le dijo:

—Tú, que aseguras haber difundido la palabra de Budha, enseñabas únicamente a los mercaderes ricos y rechazabas a los pobres. Movías los labios para hablar de bondad, pero tu corazón estaba lleno de avaricia. Decías a los demás que se deshicieran de su ego, mientras tú cultivabas el tuyo. ¿No oíste que el Bhagaván dijo que para ser monje tenías que enamorarte del *dharma* y no del mundo? ¡No mereces el Paraíso!

Ahora, dirigiéndose al cuarto hombre, con el rostro amigable y relajado, dijo:

—¡Entra tú, amigo mío, entra tú en el reino de los cielos! Tú no creíste en Dios, ni seguiste las doctrinas de Budha, ni tan siquiera te preocupaste en saber qué decían Jesús o Mahoma. Pero cuando viste a un necesitado, lo ayudaste; cuando te cruzaste con un hambriento, le diste de comer; y cuando supiste de alguien enfermo, le llevaste medicamentos. Por tanto, entra tú a nuestro paraíso, que Mahoma, Jesús y Budha te esperan dentro.

En cierta ocasión me preguntaron si un ateo puede entrar en el reino de los cielos. Yo contesté que de la misma manera que un creyente puede degustar la segunda muerte. La santidad no está en lo que creemos, sino en lo que hacemos con esas creencias. Dios no es una religión, es una relación.

«Para algunos, el camino hacia la Kaaba pasa por Bizancio, para otros por Siria, para otros por Persia y para otros por la China. Los caminos difieren, pero el fin es el mismo».

DJALAL AL DIN RUMI

–8–
Una prueba de fe

Hace mucho tiempo un joven entró en la mezquita de su aldea y, de rodillas, pidió a Dios una señal para poder encauzar su vida hacia el sendero espiritual. Sin embargo, después de su oración, solo el silencio se oía. Pensando que no estaba en el lugar adecuado, fue hacia la capital del reino e hizo lo mismo en la Mezquita Mayor. Pero después de la oración, solo el silencio quedó. Pensando igualmente que aquel no era el lugar ideal, decidió peregrinar hasta La Meca. Con todo, aunque estaba en el corazón del corazón, por respuesta solo el silencio se oyó. Estando ya a punto de rendirse, antes de regresar a su hogar se llegó también a Medina, y a la vera de la tumba del Profeta, con lágrimas en los ojos, repitió su oración. Pero esta vez una voz salió del enrejado verde y le dijo:

—¡Abre bien los ojos y límpiate los oídos, hijo mío! ¿No te has dado cuenta? Tres veces se te ha concedido escuchar el silencio como respuesta a tu oración y, sin embargo, tú sigues pidiendo una prueba de fe. El silencio es el lenguaje de Dios, todo lo demás es una mala traducción.

ENSEÑANZAS

«El sol es la manifestación del Padre Divino, que brilla sobre pobres y ricos, buenos y malos, grandes y pequeños, creyentes y ateos sin importarle quién es quién porque su amor es infinito. No obstante, si no sabes hablar con el Padre, pregúntale a la Madre, que es la divina Tierra, la cual nos proporciona alimentos, agua, refugio y abrigo. Pero si tampoco quieres escucharla a ella, puedes aprender de la vida, que es como el Espíritu Santo, el cual te enseñará todo lo que necesitas para aprender a caminar con los ojos abiertos y el corazón dispuesto. Pero si tampoco te entiendes con la vida, todavía te quedan los ángeles, que son los buenos sentimientos, como el amor, la bondad, la compasión, la alegría o la paz. Si ellos también te parecen poca cosa, trata al menos de escuchar el silencio, porque el silencio tiene secretos que contarte».

La Taberna del Derviche

–9–
El envidioso

En la India me contaron la historia de un hombre muy devoto que solía ir a rezar todos los días a cierto templo en Varanasi, el cual tenía una bella estatua de Shiva a la que podía estar contemplando durante horas. Cierta mañana, un vecino que le tenía mucha envidia entró en el templo y destruyó la estatua. Cuando el hombre volvió al día siguiente y vio lo que había pasado, se lamentó, pero siguió con su vida sin mostrar demasiada tristeza. El envidioso, viendo que poco o nada había conseguido, decidió talar el árbol donde cada mañana su vecino se sentaba a meditar. Cuando el hombre vio lo sucedido, se lamentó, pero siguió con su vida sin demostrar demasiada tristeza, lo que acabó de desquiciar a su vecino, que cada vez buscaba con más desesperación la oportunidad de hacerle algún mal. Conociendo esto, el hombre comenzó a dejar flores en la casa del envidioso hasta que un día su vecino no pudo más, salió corriendo detrás de él y le preguntó por qué le hacía regalos, a lo que el hombre contestó:

—Desde hace algún tiempo veo que te dedicas a destrozar todo aquello por lo que yo muestro algún interés, por eso he decidido amarte a ti también. A ver ahora qué puedes hacer...

Y desde ese momento, el envidioso le dejó en paz.

ENSEÑANZAS

Cuando el bienestar de los demás nos causa sufrimiento, debemos admitir que tenemos un problema. La envidia supedita nuestra felicidad a la infelicidad de otros y nos sumerge en una eterna comparación de nuestros logros con los logros de los demás, llenándonos de frustración y odio.

Al vivir dentro de una colectividad resulta imposible no mirar al resto del grupo sin hacer comparaciones entre lo que consideramos justo e injusto, entre lo que tenemos y lo que pensamos que nos falta. La frustración comenzará a desarrollarse a la vez que vayamos adoptando el papel de víctimas y consideremos indebidos los bienes ajenos.

El veneno que emponzoñará nuestra alma, como ya viene siendo habitual, es el deseo de tener lo que otros han conseguido, así como el rechazo por esas personas a las que consideramos intrusos y ladrones, ya que nos han robado lo que por algún derecho imaginario pensamos que nos pertenecía.

Al adoptar el papel de mártires, inmediatamente acusamos a los demás de oportunismo, de tener alguna clase de trato de favor y de conseguir sus frutos con malas artes, por lo que deseamos su mal o, al menos, que no puedan disfrutar de los beneficios que, según nuestra opinión, nos pertenecían a nosotros. No obstante, para convertirnos en los árboles más altos del bosque no tenemos que talar a todos los demás, sino tan solo esforzarnos cada día por crecer más y más.

–10–
El loco de amor

Había una vez un joven vagabundo que se enamoró perdidamente de la princesa de cierto reino. Como era pobre, no se le permitía acercarse a ella, no obstante, se pasaba los días enteros sentado bajo los muros de palacio esperando verla pasar por la ventana o poder oír su voz entre las paredes del castillo. Era tal el amor que sentía, que cuando conseguía distinguirla, lloraba y se reía, temblaba, sudaba y se volvía loco de pasión. Conociendo su historia, un gran místico que estaba escribiendo un libro acerca de Dios, sabiendo que la hora de su muerte estaba cercana y que no podría terminar su obra, llamó al joven y le encargó que acabase el libro por él. Solamente le dio esta indicación: «Pon aquí todo lo que sientes cuando ves a tu amada». Y, hasta el día de hoy, nadie sabe qué es lo que escribió el místico y lo que escribió el muchacho, pues el libro entero está lleno de un amor tan desbordante que también hace llorar, gritar, sudar, temblar y enloquecer a quien lo lee.

ENSEÑANZAS

Cuando hablamos de amor nos vienen a la cabeza los rostros de nuestros seres queridos porque no somos capaces de describir qué pasa en nuestro interior cuando el amor nos visita. Por eso tenemos que ponerle semblante, para poder expresar un sentimiento tan profundo que ni siquiera las palabras pueden describir. Con todo y con eso, el amor no tiene rostro, aunque podamos reconocerlo en el de todos los seres que amamos.

De la misma manera, aunque lo intentemos, tampoco podremos describir a Dios, sino tan solo tratar de explicar lo que sentimos cuando reconocemos su presencia en nuestras vidas. Curiosamente, ese silencio impuesto, ese no poder explicarlo, es lo que lo hace tan bello. El amor, como Dios, no tiene forma, pero es capaz de adoptar todas las formas.

«El amor es algo que no me permite hablar de él, pero que me hace tartamudear cuando lo intento».

La Taberna del Derviche.

–11–
Buscar quimeras

Hace mucho tiempo llegó un peregrino a una casa de derviches —místicos islámicos— pidiendo audiencia. Como el maestro acababa de fallecer, le atendió su hijo.

—Hace diez años —dijo el visitante— vine a ver a tu padre y le pregunté por la ubicación de la mítica ciudad de Shams, por lo que me dio este medallón con un mapa que no he podido desvelar. Por eso he regresado, para pedirle de nuevo su ayuda.

Entonces el hijo cogió el medallón y, después de examinarlo un rato, miró al extranjero y le dijo:

—Este medallón lo encontró mi padre hace muchos años tirado en el suelo y se lo solía dar a las personas que no buscaban a Dios, para que al menos estuviesen entretenidas. Si ya te has cansado de buscar quimeras, puedes quedarte con nosotros y prestar atención a lo que verdaderamente importa.

Pero el hombre, pensando que el joven quería engañarle para quedarse con su tesoro, cogió de nuevo el medallón y salió corriendo de allí para seguir buscando la ubicación de la ciudad mítica de Shams.

ENSEÑANZAS

Hace algún tiempo conocí a un afamado conferenciante que había dedicado gran parte de su vida a investigar, apoyar y divulgar asuntos relacionados con su fe. Tomando café con él me di cuenta de que, a pesar de haber pasado tanto tiempo dedicado a estos menesteres, nunca había hecho nada por tratar de controlar su mal carácter y por encauzar sus bajas pasiones, enfadándose por cualquier cosa y perdiendo su paz si la gente de la cafetería hacía mucho ruido o si el café estaba frío. Al despedirnos, me fui un poco apenado por descubrir cómo aquel hombre había perdido el tiempo intentando conocer algo sagrado mientras ignoraba del todo lo que era más sagrado, su propia alma.

–12–
¿Cuándo meditar?

Hace muchos años, en una aldea de la India nació un niño que tenía las treinta y dos señales auspiciosas, por lo que, cuando los *brahmanes* se enteraron, fueron a conocerlo para realizar las ceremonias prescritas. Al cabo de diez años, los sabios salieron de su retiro, bajaron de nuevo a la aldea y le dijeron a su familia que querían enseñarle a meditar para que pudiera convertirse en un gran maestro. Los padres, arguyendo que el niño era aún demasiado joven, se negaron rotundamente. Al cabo de otros diez años, los eruditos regresaron a la aldea y le hicieron la misma propuesta, pero de nuevo fue rechazada poniendo como excusa que lo más importante era que el joven se aplicara en sus estudios. Sin darse por vencidos, al cabo de otros diez años, los sabios bajaron otra vez a la aldea, pero descubrieron que los padres del muchacho habían fallecido y que él había contraído matrimonio. Con todo, le hicieron igualmente la misma propuesta. Sin embargo, el joven dijo que debía centrarse en sus deberes conyugales. Al cabo de otra década los *brahmanes* volvieron a bajar para descubrir que el hombre se había convertido en un próspero comerciante y esta vez eran sus negocios los que no le permitían aprender a meditar. El tiempo pasó y volvieron a bajar, encontrándolo envejecido y encorvado por los años. Pero esta vez también rehusó la oferta, asegurando que ya era demasiado viejo para dedicarse a esos menesteres. Al cabo de los años, los *brahmanes* regresaron a la aldea para descubrir que el hombre había muerto, por lo que se llegaron al cementerio y, al lado de su tumba, pusieron una inscripción que todavía hoy se puede ver y que dice: «Ahora sí que ya es demasiado tarde para aprender a meditar».

ENSEÑANZAS

La meditación es una medicina para quien la necesita, una oración para quien la busca y las dos cosas para quien la ha encontrado. Sin embargo, muchos son los que la desprecian por miedo o pereza. No obstante, quien se ha enamorado de ella y es capaz de dedicarle algunos minutos de su vida, se vuelve calmado y sereno, cambiando la expresión «esto lo he hecho yo» por «esto está sucediendo a través de mí».

De la misma manera que dedicamos un tiempo a comer, a trabajar y a estar con la familia, deberíamos dedicarnos también un tiempo a estar con nosotros mismos, a conocernos y reconocernos en el cuerpo que ahora ocupamos y en el momento que ahora vivimos, porque puede que mañana sea demasiado tarde. Piensa además que, si ni tú mismo quieres estar a solas contigo, ¿quién querrá?

Meditar al amanecer, justo cuando el primer rayo de sol aparece por el horizonte y la oscuridad de la noche deja su paso a la claridad del nuevo día, llena la mente de bendiciones y de luz.

Dice la tradición de la India que, en la fiesta del Diwali, si hacemos esto, un manto baja del cielo y nos protege. Y que el Brahmán, orgulloso de nosotros y atraído por la vela que hemos dejado encendida en la sala de meditación, se pasa toda la jornada vuelto hacia nosotros.

La meditación de la aurora en el Diwali tiene la bendición de acercarnos más al espíritu de nuestra búsqueda, y eso hace que el rostro se vuelva luminoso y resplandeciente como la llama que hemos encendido.

Algo en nosotros va cambiando a medida que vamos dándole a la búsqueda interior parte de nuestro tiempo, de nuestro esfuerzo y de nuestra vida. En los momentos en los que el sueño te arropa y la cama parece tan cómoda, cuando llevamos un rato suplicándole al reloj despertador solo cinco minutos más, tener que levantarnos para meditar cuesta tanto trabajo que solo alguien con una fuerte determinación será capaz de hacerlo. No obstante, ahí se demuestra el coraje del guerrero.

–13–
Un sorbito de realidad

Cuentan que, en cierta ocasión, Budha se encontró con un guerrero que estaba entrenándose y le dijo:

—Si quieres, puedo liberarte de tu espada y de tu ira.

El guerrero se quedó pensando y contestó:

—Gracias, noble señor, pero ¿puede asegurarme que si suelto mi espada y abandono la lucha, ningún bandido atacará a mi familia y que nadie hará daño a mis seres queridos?

Budha, desolado por la respuesta del muchacho, meneó la cabeza.

—Entonces gracias —repuso el guerrero—, pero necesito mi espada y mi ira para defender a los inocentes. Si algún día consigue hacer de esta tierra un paraíso celestial, no dudaré en seguir su camino. Mientras tanto, debo continuar entrenando para poder defender la justicia.

ENSEÑANZAS

En la infinitud de la creación se reparten criaturas con distintos instintos. Muchas, movidas por alguna enfermedad en el alma, cuando ven a alguien a quien consideran más débil, en lugar de protegerlo, no dudan en intentar sacar provecho. Por esta razón, los habitantes de Shaolin, auspiciados por Bodhidharma, comenzaron a practicar kung-fu para defenderse de los bandidos que asolaban la región. No obstante, la práctica del antiguo kung-fu era un complemento a su camino de perfección, donde el voto de no violencia iba unido íntimamente a la práctica de este arte. Aprender a defendernos no va en contra de las leyes del Cielo y de la Tierra, pero utilizar la violencia para defender nuestro ego sí va en contra de todo lo honorable.

«Cuenta la leyenda que hace mucho tiempo vivía cerca de una aldea una feroz serpiente. Los aldeanos, aterrorizados, no osaban pasear por sus dominios. Sin embargo, en cierta ocasión, cruzó por aquel lugar un gran sabio y, como era su costumbre, la serpiente lo siguió con la intención de morderle. No obstante, cuando se acercó a él, quedó cautivada por su dulzura. Viendo a la serpiente, el santo se compadeció de ella y le dijo:

—Escucha con atención, amiga mía, ¿acaso crees que está bien matar a otros seres? En el futuro no hagas daño a nadie y dedícate a buscar la paz.

La serpiente inclinó su cabeza y desde aquel día comenzó a vivir una vida de serenidad y pureza. Pero, a los pocos días, se corrió la voz de que la serpiente había perdido todo su veneno y la gente comenzó a molestarla. Algunos le tiraban piedras, otros la arrastraban desconsideradamente y la pateaban, dejándola medio muerta. Después de cierto tiempo, volvió a pasar el sabio por aquel lugar y, viendo el estado en que se encontraba la serpiente, le preguntó la causa de tal calamidad. A lo que la serpiente contestó:

—Señor, no he hecho daño a nadie después de haber recibido sus instrucciones, pero ellos son crueles conmigo.

Sonriendo, el sabio la acarició y le dijo:

—Oh amiga, yo te aconsejé que no hicieras daño a nadie, pero nunca te pedí que dejaras de silbar y asustar a los quieren hacerte daño a ti.»

ANTIGUO CUENTO DE SABIDURÍA ORIENTAL

–14–
Beber de la fuente

Hace tiempo se llegó un hombre muy vanidoso a nuestro *ashram* y, durante la oración, en lugar de inclinarse y postrarse con nosotros, se sentaba en un rincón de medio lado y bostezaba. Al cabo de unos días así, mi maestro lo llamó y le dijo:

—Llevas algún tiempo en mi casa, pero sin embargo te aburre lo que hacemos, por tanto, ¿qué has venido a hacer aquí?

El extranjero, después de pensarlo un rato, finalmente contestó:

—He venido buscando la iluminación.

A lo que mi maestro replicó:

—La puerta hacia la iluminación es muy baja y nadie puede entrar sin agachar la cabeza. Por tanto, ¿por qué te muestras altivo y distante frente a ella, pero eres sumiso y complaciente con tu ego? Mientras sigas adorándote a ti mismo, no podrás ver las maravillas de las que hablan los sabios. Tan solo te quedarás con nosotros un tiempo y después buscarás otro lugar donde bostezar. La hierba se inclina ante el viento, mientras el árbol es abatido. Si no te postras con nosotros, no podrás beber de nuestra fuente.

ENSEÑANZAS

Nuestra mente es como un huerto, y todo lo que metamos en ella son como semillas que crecerán, se multiplicarán y darán frutos a su debido tiempo. La meditación nos convierte en agricultores del sustento de nuestro devenir, debiendo dedicarnos con ahínco a quitar las malas hierbas, en tanto que vayamos regando y mimando paulatinamente los árboles frutales. No obstante, si arrancamos las buenas semillas y dejamos las malas hierbas, tarde o temprano tendremos que alimentarnos de ellas. De entre todos los venenos de la mente, la soberbia, el egoísmo y la vanidad son los peores venenos. Aquellos que no nos permitirán inclinarnos con los que se inclinan y postrarnos con los que se postran. Un antiguo aforismo hindú recomienda: «¿Quieres tener un presente feliz? Entonces sana tu pasado. ¿Quieres tener un futuro dichoso? Entonces cuida tu presente».

–15–

El agua y el aceite

Cuentan que un hombre tenía como mascota un canario, no obstante, también decidió adoptar a un gatito. Mientras los dos animales se mantenían en su espacio vital, no había ningún problema. Sin embargo, cuando el hombre se empeñaba en juntarlos, el instinto del gato salía a la luz, abalanzándose sobre el pobre pajarito. El deseo inmaduro de que los dos animales se llevaran bien llevó al hombre a intentarlo una y otra vez hasta que el gato acabó dándole un zarpazo al canario y lo mató. Algunos días más tarde, el hombre decidió comprarse un perro para suplir la ausencia del pajarillo, y mientras el perro y el gato se mantenían en su espacio vital, no había ningún problema. Sin embargo, cuando el hombre se empeñaba en juntarlos, el instinto de ambos salía a la luz, abalanzándose el uno sobre el otro. Sin haber aprendido nada, el hombre seguía empeñándose en que los animales se llevaran bien hasta que el perro le dio un mordisco al gatito y lo mató. Algunos días más tarde, el hombre decidió comprarse un tigre para suplir la ausencia del gato, y mientras los dos animales se mantenían en su espacio vital, no había ningún problema. Sin embargo, cuando el hombre se empeñaba en juntarlos…

ENSEÑANZAS

Debido a la ignorancia, muchas personas intentan juntar el agua y el aceite, el fuego y la lluvia, la pólvora y el rayo, sin comprender que no conseguirán nada más que una explosión. Por separado, todos esos elementos son inofensivos, beneficiosos y tienen un lugar determinado en la naturaleza. No obstante, cuando alguien se empeña en juntarlos, cae en un grave error. De la misma manera, hay personas que no quieren ni pueden estar juntas, pero que, debido a terceros, se empeñan en intentarlo, no consiguiendo nada más que ruina y frustración a su alrededor.

–16–

Manos que ayudan

Mientras un maestro y su discípulo paseaban tranquilamente por el sendero que salía de la ciudad, se toparon con el carruaje de una niña que había volcado en un tramo del camino. Al darse cuenta de lo sucedido, el maestro se dirigió rápidamente para ver en qué podía ayudar, dando ánimos a la pequeña y volviendo a poner el carruaje en su sitio. No obstante, después de despedirse, el discípulo miró a su maestro y le dijo:

—Señor, en lugar de haber ayudado a esa niña rica, quizás debería preocuparse más por los pobres que malviven en la ciudad.

A lo que el maestro contestó:

—Yo tengo dos manos y las he usado para ayudar. Y tengo una boca y la he utilizado para dar ánimos a alguien que estaba en apuros. Tú, en cambio, utilizas tu boca para criticar mientras tus manos no se han movido de tus bolsillos. Si tanto te preocupan los pobres de la ciudad, ¿por qué no te ocupas tú de ellos como yo lo he hecho de esa pobre niña?

ENSEÑANZAS

La mayoría de los dirigentes de las Iglesias ponen mucho énfasis en difundir que la eucaristía y la crucifixión fueron los actos más destacados en la vida de Jesús de Nazaret, por eso cuelgan crucifijos sobre sus altares y cada día vuelven a partir el pan en sus celebraciones. Sin embargo, yo pienso que lo más importante de Jesús no fue cómo murió, sino cómo vivió, y que su acto más destacado fue agacharse para lavar los pies de sus discípulos. Curiosamente, esto es algo que ha pasado desapercibido para muchos de los que pretenden imitarle.

–17–
La joya más preciada

Dicen que hace mucho tiempo entró un peregrino en una joyería y le dijo al dependiente:

—Busco la joya más rara, ¿podría usted ayudarme?

El dependiente, suponiendo que haría un buen negocio, comenzó a sacarle todo tipo de gemas. No obstante, el hombre meneaba la cabeza diciendo:

—Yo estoy buscando una joya que brille más por dentro que por fuera.

El mercader siguió mostrándole preciosos rubíes y zafiros, suponiendo que se referiría a una piedra oscura. Pero el hombre volvió a menear la cabeza y dijo:

—Lo que yo busco es a alguien que no se deje llevar por su propio interés ni por su propia ambición. Busco a alguien hastiado de egoísmo, a alguien que anhele seguir su propio camino y que busque la verdad sin estar apegado a ninguna tradición ni a ninguna secta. Busco a alguien que no se haya dejado corromper por el dinero y que no ansíe la fama ni el poder...

Entonces el joyero se encogió de hombros, pensando que el cliente estaba loco, y lo despidió educadamente. No obstante, mientras el hombre salía del establecimiento, vio su rostro reflejado en un espejo y exclamó:

—¡Esa! Esa es la joya que estoy buscando.

ENSEÑANZAS

Los antiguos místicos conocían el precio sagrado de la existencia humana y le daban el valor de una joya de incalculable precio que difícilmente podremos volver a tener si ahora no hacemos el esfuerzo de aprovechar nuestra vida. El budismo asegura que nacer como humanos es tan difícil como tirar un anillo al mar y que ese anillo caiga en la boca de un pez. Si no valoramos ahora nuestra existencia, ¿cuándo lo haremos?

El cuerpo es el soporte del espíritu, sin embargo nosotros pensamos al contrario y nos dedicamos a mimar con celo el cuerpo, dejando que el espíritu se apañe por sí solo. La única razón para comer es tener fuerzas para poder realizar las prácticas espirituales que nos permitan conocer qué quiere el Universo de nosotros.

Recuerdo que, cuando estudiaba budismo, la monja que me instruía me contó que, en cierta ocasión, viajando en avión con su maestro, llegó la hora de almorzar y la azafata les puso la bandeja de comida delante. Entonces su maestro cerró los ojos y empezó a bendecir los alimentos. No obstante, la ceremonia se alargó tanto que, a punto de aterrizar, la azafata tuvo que retirarle la bandeja sin haber podido siquiera tomar un bocado. Cuando Rimpoché abrió los ojos, la mujer le explicó lo sucedido. Sin embargo él, sonriendo, contestó: «No te preocupes, hija mía, el trabajo ya está hecho y mi alimento ya ha sido tomado».

LA TABERNA DEL DERVICHE

–18–
¿A quién servir?

En cierta ocasión se acercó un hombre occidental a un derviche y le preguntó con desdén:

—¿Qué se supone que eres tú?

A lo que el derviche contestó:

—No soy nadie. Si acaso, un siervo de Dios.

Al escuchar la palabra «siervo», el hombre se indignó mucho y le echó en cara que él prefería vivir libremente a ser un esclavo de nadie, aunque ese alguien fuese Dios. Entonces el derviche le contestó:

—Es curioso que digas eso cuando tú oyes rugir tu estómago y enseguida corres a llenarlo. Cuando sientes cansancio y te sometes al sueño. Cuando tu lujuria te domina y buscas silenciarla de cualquier manera. Y cuando tu vanidad te invade y te dejas conducir por ella. Yo elegí voluntariamente tener solo un Señor, mientras que tú eres esclavo de tu ego y de tus numerosas pasiones.

ENSEÑANZAS

«Una mañana iba yo caminando por la carretera cuando llegó el rey en su carroza.

—¡Me vendo —grité.

El rey me cogió de la mano y me dijo:

—Soy poderoso, puedo comprarte.

Pero de nada le valió su poderío. No me vendí a él y tuvo que volverse sin mí en su carroza. Con el sol del mediodía, las casas estaban cerradas y yo vagaba por un callejón escondido cuando un viejo cargado con un saco de oro me salió al encuentro y me dijo:

—Soy rico, puedo comprarte.

Pero yo le volví la espalda y me fui. Anochecía y los árboles del jardín estaban en flor. Entonces, una bella muchacha apareció delante de mí y me dijo:

—Te compro con mi sonrisa.

Pero comprendí que su sonrisa palidecería con el tiempo y se convertiría en lágrimas. El sol relucía en la arena y las olas del mar rompían caprichosamente. Un niño estaba sentado en la playa jugando con las conchas, levantó la cabeza y, como si me conociera, me dijo:

—Puedo comprarte con nada.

Y, desde que hice este trato, jugando, soy libre».

Rabindranath Tagore

–19–
Tu propia carga

Hace mucho tiempo una pobre mujer iba subiendo una alta montaña llevando una pesada mochila en su espalda. A cada paso que daba, las rodillas le temblaban y tenía que resoplar para tomar aliento. Estando en estas, se cruzó con su marido que bajaba llevando una sola piedra en la mano. Al verla, se le acercó y le dijo:

—Mira, como yo llevo este guijarro y tú una mochila, echaré mi piedra en tu espalda y así tendré las dos manos libres.

La mujer, resignada, le ofreció su espalda, y al cabo de un rato siguió su camino hacia la cumbre, sintiendo cómo los huesos le crujían a cada paso debido al intenso esfuerzo. Algo más adelante se cruzó con su hijo, que bajaba llevando una sola piedra en la mano. Al verla, se le acercó y le dijo:

—Mira, como yo llevo este guijarro y tú una mochila, echaré mi piedra en tu espalda y así tendré las dos manos libres.

La mujer, agachando la cabeza, le ofreció su espalda y siguió su camino, teniendo que parar a cada pocos pasos para descansar.

Algunos metros más adelante se cruzó también con su hija, que bajaba alegremente llevando una sola piedra. Al verla, se le acercó y le dijo:

—Mira, como yo llevo este guijarro y tú una mochila, echaré mi piedra en tu espalda y así tendré las dos manos libres.

La mujer, encogiéndose de hombros, le ofreció su espalda y al cabo de un rato siguió su camino sin poder tirar de su cuerpo. De la misma forma se cruzó con su padre y con otros familiares, que echaron igualmente una piedra en su espalda. Pero un monje que había visto lo sucedido, se compadeció de ella y le preguntó:

—Mujer, ¿por qué permites que todas esas personas te carguen con sus propios problemas cuando tú ni siquiera puedes llevar los tuyos?

La mujer, mirándolo fijamente, contestó:

—Por amor, hijo mío, solo por amor.

Pero el monje, contrariado, volvió a preguntarle:

—Si esos son tus seres queridos, ¿crees también que te han cargado con todos sus problemas... por amor?

Entonces la mujer, soltando un suspiro, agachó la cabeza y siguió su camino hacia la cumbre sin contestar, sin protestar, esperando en silencio la próxima piedra del camino.

ENSEÑANZAS

Cualquier ser mundano preferirá cargar a otros con su propio peso antes de afrontar las vicisitudes de la vida. Así, paradójicamente, la compasión acabará siendo el peso añadido de miles de personas que, por amor, quieren aliviar la carga de sus seres queridos, sin darse cuenta de que en esa relación hay una parte que siempre está dando y otra que siempre está pidiendo sin ofrecer nada a cambio.

–20–
La vida es sueño

Hace algunos años, en la presentación de uno de mis libros, quise aclarar que las fábulas que nos contaban nuestros padres eran cuentos para dormir, en cambio, los cuentos espirituales que yo narro son cuentos para despertar. Estando en estos menesteres, una niña se levantó de su asiento y me preguntó:

—¿Qué diferencia hay entre el sueño y la vigila?

Admirado por la cuestión, le pregunté:

—¿Has tenido alguna vez un sueño que parecía muy real?

—¡Sí! —exclamó ella.

—Pues este mundo es como ese sueño y los cuentos espirituales pueden ayudarnos a despertar para que consigamos ver la realidad.

No contenta con mi respuesta, la pequeña volvió a preguntar:

—Entonces, ¿cómo puedo saber si ahora estoy dormida o despierta?

—Porque cuando estás despierta eres capaz de amar a todos los seres por igual. Mientras que cuando estás dormida, solo puedes amarte a ti misma —concluí.

En ese momento la pequeña me guiñó un ojo, abrí los ojos ¡y me desperté! Totalmente admirado, toqué el cuerpo de mi mujer, que estaba echada a mi lado, y miré la lámpara de noche que tengo sobre la mesilla. ¡Todo había sido un sueño! Sin poder dar crédito a lo que había sucedido, me quedé reflexionando sobre la increíble lección que aquella pequeña me había dado y me levanté enseguida para apuntar lo que había sucedido. Luego regresé a la cama y ahora no sé si vivo o sueño, si lo que escribo es real o si aún estoy durmiendo.

Mevlana Djalal al Din Rumi y Fariduddin Attar contaban que Ibrahim Ben Adham, el pachá de Balj, mientras estaba sentado en su trono, divisó entre la muchedumbre a una persona de altísima estatura que avanzaba hacia él sin que los ujieres y los guardias notaran su presencia. Cuando llegó cerca de Ibrahim, este le preguntó:

—¿Quién eres y qué buscas?

—Soy extranjero y deseo alojarme en este hotel —respondió.

—Pero esto no es un hotel —observó Ibrahim—, es mi palacio.

El extranjero lo miró extrañado y volvió a preguntar:

—¿A quién perteneció antes de ser tuyo?

—A mi padre —respondió Ibrahim.

—¿Y antes de tu padre?

—A mi abuelo.

—Entonces, ¿no es acaso un hotel, dado que los que se van son sustituidos por los que llegan?

Dichas estas palabras, el extranjero se alejó. Ibrahim entonces se levantó y corrió tras el desconocido gritando:

—¡Detente, en el nombre de Allah!

Este se detuvo.

—¿Quién eres? —preguntó—, porque has encendido el entusiasmo en mi corazón.

—Oh, Ibrahim, yo soy el *khidr*, el guía de los sufís. Ahora despierta, que ya es hora.

Y luego desapareció.

–21–
El eco

Paseaban un niño y su padre por un desfiladero cuando de repente el pequeño tropezó y gritó de dolor. Para su sorpresa, desde algún lugar en la montaña, alguien le devolvió el grito. Muy enfadado, el niño se levantó y chilló a su contrincante:

—¿Quién anda por ahí?

Y una voz le respondió:

—¿Quién anda por ahí?

—¡Da la cara, cobarde! —volvió a gritar.

Y de nuevo la voz le respondió:

—¡Da la cara, cobarde!

En ese momento se acercó el padre, miró a su hijo a los ojos y le dijo:

—Ahora, en vez de soltar amenazas, dile a tu enemigo algo agradable.

El niño, contrariado, sin embargo obedeció a su padre y exclamó:

—¡Lo siento mucho! No quería ofenderte.

Y la voz le respondió:

—¡Lo siento mucho! No quería ofenderte.

El pequeño abrió los ojos como platos y siguió gritando:

—¡Eres genial! Ha sido un placer haberte conocido.

Y escuchó que la voz le decía:

—¡Eres genial! Ha sido un placer haberte conocido.

Entonces el padre le explicó:

—Lo que estás oyendo se llama eco. En realidad, es tu propia voz que rebota en una pared y regresa de nuevo a ti.

El niño se quedó pasmado, pero el padre continuó:

—Hijo mío, la vida es igual que el eco. Te dará lo que tú le hayas dado primero. Así que, si hay algo de tu vida que no te gusta, mira primero qué es lo que estás haciendo mal y cámbialo.

ENSEÑANZAS

Cuando yo era pequeño, mi abuelo, para explicarme lo que era el karma, me contó la siguiente historia:

«Hace mucho tiempo, un anciano se quedó viudo. Su hijo, para que no se sintiera solo, decidió que se fuera a vivir con él y con su familia. Pero como el anciano se había vuelto algo torpe a causa de la edad, su nuera, que no lo soportaba, insistió para que lo encerraran en un asilo. Así, a los pocos meses, padre e hijo pusieron rumbo hacia la única residencia de ancianos que había en la ciudad. El hombre, unos metros antes de llegar, fatigado, se sentó en el banco de un parque a descansar. Su hijo, que se sentó a su lado, le preguntó si le sucedía algo. No obstante, el hombre, tragándose la pena, acarició la piedra del banco con la mano, agachó la cabeza y no dijo nada. Al cabo de un tiempo, el médico del asilo llamó por teléfono a la familia para comunicarles que el anciano había muerto de tristeza y soledad.

Así pasaron muchos años y el hombre se convirtió también en padre y en anciano, y desafortunadamente también se quedó viudo. De la misma manera, su hijo decidió que, para que no estuviese solo, se fuese a vivir con él y con su familia. Sin embargo, como se había vuelto algo torpe, su nuera insistió para que lo encerraran en un geriátrico. A los pocos meses, padre e hijo pusieron rumbo hacia el asilo, pero unos metros antes de llegar, el anciano, fatigado, se sentó en un banco a descansar. Su hijo, sentándose a su lado, le preguntó si le sucedía algo, y el hombre, mirándole a los ojos, acarició la piedra del banco con la mano y, llorando, le confesó:

—Hace mucho tiempo yo también decidí traer a mi padre a esta residencia y, cuando pasamos por este mismo lugar, él también se sentó en este mismo banco y acarició esta misma piedra. Ahora puedo comprender lo que él sentía. Ahora sé realmente qué pena tan grande le produje y lo injusto que fui con él.

Cuando el hombre terminó de hablar, su hijo, tocado en lo más profundo de su corazón, lo cogió de la mano y, dándose media vuelta, regresaron de nuevo a casa».

«Maestro Gautama, ¿cuál es la razón y cuál es la condición por la cual algunos seres parecen inferiores y otros superiores? He aquí que vemos algunas personas que tienen una vida corta y otras larga, algunas personas están saludables y otras enfermas, algunas son feas y otras bonitas, algunas sin prominencia alguna y otras prominentes, algunas pobres y otras ricas, algunas de linaje bajo y otras de alcurnia alta, unas estúpidas y otras sabias. ¿Cuál es la razón y cuál es la condición, maestro Gautama, por la cual algunos seres parecen inferiores y otros superiores? Respondió Siddhartha: Los seres son dueños de sus propias acciones y son herederos de sus propias acciones. Fueron originados por sus acciones, están ligados a ellas y sus acciones son su mérito. Por tanto, es la acción la que hace distinción entre los seres inferiores y superiores».

Culakammavibhanga Sutta

–22–
La verdad del corazón

Cuentan que, en cierta ocasión, unos jóvenes quisieron gastarle una broma a un anciano que tenía mucha devoción por Jesús de Nazaret. Los muchachos cogieron un trozo de madera vieja y enmohecida, la metieron dentro de un cofre y se la dieron al anciano asegurándole que era un fragmento de la Vera Cruz. El hombre, ante tamaño tesoro, se arrodilló frente al madero y de sus ojos comenzaron a brotar las lágrimas. Eran tantos y tan intensos los sentimientos que le abordaron delante de la supuesta reliquia, que su alma se conmovió como nunca. Viendo la escena, los jóvenes se arrepintieron de lo que habían hecho e inmediatamente le confesaron la verdad al pobre hombre, quien regresó a su casa triste y compungido, pero con una pregunta rondándole el alma: ¿cómo un objeto falso pudo haberle hecho experimentar algo así? Más tarde comprendió que lo importante de esta historia era que, a pesar del engaño, lo único real era lo que llevaba en su corazón.

ENSEÑANZAS

Uno de mis sueños cuando era pequeño era poder ver la Sábana Santa. Pensar que aquel trozo de tela pudo ser el lienzo que envolvió el cuerpo de mi querido Jesús me hacía estremecer. Con veinte años yo no sabía mucho de la vida. Tan solo era un crío que perseguía los impulsos de su corazón. Mi situación familiar era difícil. Nunca me ha dado vergüenza admitir que éramos pobres y que, gracias al duro trabajo de mi madre, que se echó la casa a cuestas, pudimos salir adelante.

Como no podía costearme un viaje hasta Turín, decidí enrolarme en la Armada Española con la esperanza de que, algún día, mi barco tocara un puerto italiano y yo pudiera escaparme hasta la capital de la región de Piamonte para poder contemplar la silueta del Hijo de Dios. Y lo cierto es que no tuve que esperar demasiado, puesto que el primer viaje de la fragata fue al puerto de *la Spezia*, desde donde saqué un billete de tren hacia Turín. ¡El reino de los cielos se había acercado!

En aquellos tiempos internet no era lo que es hoy, por lo que tuve que coger mis referencias de un antiguo y extraño lugar llamado «biblioteca», donde había desperdigados cientos de objetos curiosos, cargados de misticismo, llamados «libros». No obstante, ninguno de ellos me advirtió de que la Síndone —la Sábana Santa— solo se exponía tres o cuatro veces cada cien años, y que, además, durante esos años solo permanecía expuesta apenas unos días. Por tanto, habría sido un milagro que justamente cuando el Destino quiso llevarme a Turín, la Sábana Santa hubiese estado a la vista… ¡Pero así fue! Algunos llaman a esto casualidades, pero a mí me gusta llamarlas «diosilidades», puesto que soy capaz de ver su mano detrás del juego del destino.

Yo no conocía nada de eso mientras sorteaba el Palacio Real y buscaba, a mano izquierda, la basílica de San Giovanni Batista. Ni tampoco sabía que había que pedir cita para poder entrar a la catedral, ni que la entrada oficial estaba bastante lejos del acceso natural de la iglesia. Con el corazón en un puño, me acerqué a uno de los vigilantes que custodiaban la puerta principal, le miré a los ojos y, sin pronunciar una sola palabra, el hombre me cogió del hombro y me introdujo dentro del recinto. ¡Cómo iba a saber yo que al final de la nave, sobre el Altar Mayor, podría ver por fin el rostro de Jesús!

Acompasando mi respiración, caminé lentamente, dejando paso a los peregrinos que desfilaban con prisa por mi lado. Y, cuando por fin llegué al final de la nave, me arrodillé. Expectante, levanté la cabeza y me atreví a mirar el lienzo con detenimiento, buscando en su interior la figura del Hijo de Dios. Sin embargo, por más vueltas que le di, no conseguía distinguir nada. Las chamuscaduras del antiguo incendio eran evidentes, los restos de la sangre también, pero el cuerpo de Jesús no aparecía por ninguna parte.

Desesperado, bajé la cabeza y mis lágrimas cayeron al suelo. Allí, arrodillado delante de mi maestro, lloré al darme cuenta de que no era digno de verlo. No obstante, tampoco quise rendirme y le supliqué a Dios que me abriera los ojos. Así, desde alguna parte de mi corazón, una palabra subió a mis labios y, mientras alzaba de nuevo la cabeza, dije en voz alta: «¡Creo!».

Y solo entonces pude ver.

Aquellos mismos lugares que anteriormente me parecieron vacíos, ahora me revelaban sus secretos. Allí, bajo el Altar Mayor de la Basílica de Turín, fui protagonista de un milagro. ¿Cómo explicar lo que mi corazón sintió cuando alcé la cabeza y pude ver la figura del Hijo de Dios? Realmente no fueron mis ojos los que vieron, sino mi corazón.

Hoy sabemos que lo más probable es que la Sábana Santa sea una estafa, pero eso no impidió que el universo conspirara para obrar toda una serie de milagros, a modo de coincidencias, para que un chiquillo pudiera cumplir sus sueños, porque solo si pones a Dios en tu mirada, podrás verlo en todas partes.

–23–
Riqueza y pobreza

Hace mucho tiempo vivió en El Cairo un derviche extremadamente pobre que tenía el don de sanar algunas enfermedades, por lo que, en cierta ocasión, un sacerdote muy vanidoso se le acercó y le dijo:

—Si realmente eres capaz de hacer milagros, ¿por qué no haces uno contigo para mejorar tu situación?

A lo que el derviche contestó:

—¿Y quién te ha dicho a ti que mi pobreza sea una enfermedad y tu riqueza sea una virtud?

ENSEÑANZAS

En uno de mis primeros viajes a la India me encontré con un anciano pidiendo limosna al lado de la carretera. Como siempre estaba sonriendo, cierto día, por pura curiosidad, le pregunté por qué estaba tan alegre siendo tan pobre. Entonces el hombre me miró a los ojos y me dijo:

—Si crees que el dinero te dará la felicidad, todavía eres más pobre que yo.

Acto seguido me devolvió el billete que le había ofrecido y siguió canturreando mantras ininteligibles para mí. Al día siguiente, avergonzado, regresé para pedirle disculpas, pero ya era demasiado tarde. Nunca más volví a verle.

Por alguna razón, aquel hombre me había estado esperando para darme una lección que yo jamás olvidaría. Y, cuando lo hizo, sencillamente desapareció. Una lección que ahora yo también trato de explicar a mis alumnos, a mi familia y a mis lectores. Y supongo que, igual que él, cuando acabe con mi cometido, también desapareceré.

-24-
El mundo de los niños

Hace algunos días, viajando en el metro, quise observar a la gente que me rodeaba. Desafortunadamente, descubrí que la mayoría parecían aburridos, cabizbajos y somnolientos. Pero, de repente, sucedió algo mágico. Entró en el vagón una madre con su hijo, que tendría cuatro o cinco años. Los ojos del pequeño parecían refulgir en medio de la indiferencia de los adultos. Sonriendo, no paraba de fijarse en cada cosa, en cada detalle y en cada persona, tirando de la manga de su madre para hacerla cómplice de la magia que se estaba produciendo a su alrededor pero que, desafortunadamente, ella ignoraba como la mayoría de los adultos. Fue entonces cuando descubrí que meditar es también sinónimo de la alegría innata que tienen los niños, de participar en el encanto de la vida que nos rodea, de recuperar la sorpresa y de dejarnos atrapar por los milagros de cada día.

ENSEÑANZAS

Los niños no buscan la felicidad, ni se preocupan si no tienen dinero… sencillamente juegan y sonríen. Pueden pintar el mismo dibujo cien veces y no se aburren. Si se pelean con alguien en el patio del colegio, al cabo de un rato vuelven a jugar juntos. Si el maestro les regaña, están dispuestos a aprender. Si alguien les lastima, sencillamente perdonan. Podemos leerles todas las noches el mismo cuento, que ellos seguirán esperándonos la noche siguiente con la misma ilusión. A veces me he preguntado si, en lugar de ser nosotros quienes les eduquemos, no deberían enseñarnos ellos a nosotros a vivir.

Según algunas escuelas orientales, la meditación puede servir para relajarnos, pero también puede ser un medio para reconectarnos con la vida y con lo que hemos perdido, con nuestro verdadero ser, con el alma que un día dejamos en el camino cuando nos cortaron las coletas, nos obligaron a «vestirnos de domingo» y nos amenazaron con castigarnos si nos manchábamos jugando a saltar los charcos. La meditación es el arte de volver a ser pequeños. Como dijo mi querido Jesús de Nazaret: «Quien no nazca de nuevo, no podrá participar del reino de los Cielos».

Cuando le preguntaron a Nasrudín cuántos años tenía, él contestó:

—Cinco años —ante el gesto de incredulidad de sus discípulos, el maestro añadió—: los otros sesenta no los cuento porque los malgasté preocupado por las cosas de los adultos.

–25–
Desconfiar de la intuición

E stando mi maestro impartiendo sus lecciones de sabiduría, comenzó a disertar acerca de lo poco confiable que
es la intuición y la necesidad de no prestar atención a
las voces internas que provienen del ego, asegurando que mil
veces al día el ego se viste de santidad para arrastrarnos hacia
la ruina. Sin embargo, se percató de que, mientras hablaba,
uno de sus discípulos ponía cara de contrariedad, por lo que,
al concluir, se dirigió al joven y le preguntó si le ocurría algo.
El muchacho, confuso, afirmó que él no estaba de acuerdo con
aquello, ya que otros maestros le habían asegurado todo lo contrario. A lo que mi maestro, mirándolo fijamente, le preguntó:
—¿Es eso lo que te dice tu intuición?
El joven contestó:
—¡Sí!
—Pues precisamente ahí tienes la prueba de que tu intuición
no es confiable.

ENSEÑANZAS

Antes de confiar en nuestra intuición debemos dilucidar
si lo que estamos sintiendo es real o por el contrario son
nuestros miedos y perturbaciones las que intentan mover-
nos hacia el lugar equivocado.

Como ya hemos mencionado, meditar es el camino por
el cual podremos conocernos a nosotros mismos y por
nosotros mismos, sin necesidad de intermediarios, para
comprendernos y ayudar a los demás a comprenderse a

sí mismos de manera útil y efectiva. Meditar es el arte de estar presentes, de no dejar escapar el aquí y el ahora y de disfrutar el instante. Cultivando la mente, podremos confiar en nuestra intuición, puesto que en este caso nos servirá como una especie de alarma interior que saltará ante personas y situaciones que podrían resultar perjudiciales.

La meditación no nos aportará nada que no tengamos, ni nos dará algo que no llevemos con nosotros. Solamente nos hará ver el mundo tal cual es, y a nosotros mismos tal cual somos. Meditar es como ir al oculista para ver mejor, y las nuevas gafas son la sabiduría que extraeremos de la experiencia meditativa.

–26–
¿Cómo es Medina?

Cuando regresé de mi visita a La Meca y Medina, mi maestro me llamó para que acudiera a verlo lo antes posible. Todos sabíamos que estaba ya muy mayor y que la hora de su partida estaba cercana, así que me apresuré a ir pronto a su encuentro. Al llegar a su casa, me topé con otro chico que también acababa de terminar la peregrinación a Arabia. Cuando nuestro maestro nos vio, se levantó de su asiento y nos estrechó entre sus brazos. Después de las preguntas de rigor, se dirigió a mi compañero y le preguntó: —¿A qué sabe Medina?— El muchacho, pensando que se trataba de una broma, se echó a reír. Sin embargo nuestro maestro insistió: —¿No dices que acabas de regresar de allí, dime entonces cómo es el tacto de la ciudad del Profeta, a qué huele y qué sonido tiene? —Al darse cuenta de que no estaba bromeando, el joven se encogió de hombros sin saber qué contestar. Como no obtuvo lo que quería, el maestro ahora se dirigió a mí e igualmente me preguntó: —¿A qué sabe, a qué huele, qué sonido tiene y cómo es el tacto de la ciudad del Profeta? —Yo, mirándole a los ojos, respondí: —Medina huele a almizcle cuando entras en la mezquita/mausoleo del Profeta Muhammad para rezar la oración de la mañana. Luego, cuando sales, huele a café recién hecho y a los bagels que los panaderos ofrecen en los mostradores de sus establecimientos. A medio día huele a cordero asado y a las miles de especias y esencias que se reparten por sus mercados. Por la tarde huele a azahar y al anochecer suele percibirse también el olor del incienso y del jazmín. Medina tiene el tacto de las alfombras verdes que se reparten en Al-Rauzah y que circunvalan el mimbar y el mihrab donde el apóstol de Dios solía rezar. Algo más atrás también puede notarse la firmeza del mármol de las frías losas que han quedado desnudas en el suelo. Medina sabe a agua de la fuente zam-zam que algunos hombres piadosos han traído desde La Meca y dejado en barriles azules a la entrada de la mezquita de Profeta para que los peregrinos puedan calmar su sed. Medina tiene el sonido de la llamada a la oración y del silencio prístino del cementerio Al-Baqi, donde se encuentran enterrados los amigos íntimos y las esposas del Profeta. Medina huele a santidad, sabe a devoción, tiene el sonido del Corán y el tacto de las postraciones ante Allah. Medina es todo eso y mucho más. —Mi maestro, visiblemente emocionado, me sonrió y me dijo: —Verdaderamente tú has estado en la casa del Mensajero de Dios.

ENSEÑANZAS

Es costumbre que, en los ashram o centro espirituales, el devoto dedique parte de su tiempo a realizar labores comunitarias, por lo que cuando acudí a casa de mi maestro, cada mañana, después de la oración, me dirigía a la cocina y me ponía al servicio de Mehmet. En unos cinco o seis metros cuadrados se agolpaban decenas de cacerolas, sartenes y ollas de gran tamaño que poníamos bajo los fuegos para que los alimentos hirvieran. Su sonrisa hacía que el duro trabajo siempre fuera más llevadero sin que a mí se me pasara por la cabeza la idea de protestar. Al principio, cada vez que hacía cualquier cosa, aunque solamente fuera cortar unos puerros, buscaba su aprobación. Algo más tarde, cuando ya había ganado un poco de manejo con los utensilios de cocina y quería enseñarle el resultado de mi trabajo, Mehmet sencillamente me ignoraba, cantando y bailando entre los pucheros y fogones. De esa manera comprendí que las cosas deben hacerse con esfuerzo, pero sin esperar resultado alguno, ni tampoco buscando la aprobación de otros.

En ocasiones, Mehmet me preguntaba en cuántos trozos había partido los puerros, los tomates o las zanahorias. Y, si estaba atento, no tenía problema en decírselo.

Pero si me pillaba distraído, me inventaba una cifra. Sin embargo, él siempre me corregía y me regañaba diciendo:

- Es una pena que hayas venido hasta aquí pero no te hayas traído tu mente contigo. ¿Por qué la dejas escapar a otros mundos cuando lo único que existe es el aquí y el ahora? ¿O estás vivo o estás muerto?

¡Y llevaba razón! Alguien que se pasa la vida desatento de la propia vida está muerto... por muchos años que cumpla.

"Dicen que, hace mucho tiempo, un hombre se acercó a un maestro espiritual y le dijo:

—Señor, su vecino ha muerto.

Pero el maestro le contestó:

—Te equivocas. Mi vecino murió hace mucho tiempo. Ahora solamente lo están enterrando."

50 Cuentos para aprender a meditar.
Editorial Cydonia

–27–
Los tzitzit

El pueblo hebreo suele llamar *tzitzit* a los nudos que los hombres hacen en los hilos que sobresalen de los Talit —prenda de vestir que llevan alrededor de la cintura y que utilizan para rezar—, y que les recuerdan las seiscientas trece leyes que Dios le dio a Moisés en la cima del Sinaí y que todo judío devoto debe cumplir. No obstante, cuentan que en la mística ciudad de Safed, al norte de Israel, uno de los rabinos más importantes del país, cierta mañana se despertó y encontró que uno de los *tzitzit* se había desatado. Aunque sorprendido, no le dio demasiada importancia y lo ató de nuevo, pero a la mañana siguiente volvió a encontrarse el mismo nudo deshecho. Asustado, suponiendo que sería una señal divina, fue repasando uno a uno todos los deberes y promesas de su religión, pensando que habría fallado en alguno. De esta manera se quedó velando hasta que volvió a caer la noche y así descubrió que era uno de sus hijos quien entraba en su dormitorio a oscuras para desatar los nudos. Muy enfadado, el rabino se levantó y le preguntó al pequeño por qué había hecho algo así. A lo que el niño contestó:

—Lo hago porque tú me dices todos los días que jugarás conmigo y sin embargo nunca lo haces. Por eso desato el nudo, para que, cuando te levantes y lo veas, recuerdes que la promesa que me hiciste a mí es tan sagrada como la que le hiciste a Dios.

Sobre todas las cosas, Dios nos ordenó que velásemos por nuestros hijos, que los educásemos, que les diésemos lo mejor de nosotros para que, cuando crezcan, sean el orgullo de nuestros ojos. Quien descuida este deber sagrado, podrá hacer otras muchas cosas en la vida, pero como no habrá cumplido con el cometido más importante por el que fue enviado a la tierra, será como si no hubiese hecho nada de nada.

La inocencia, como la virtud, el amor, la humildad, la compasión y la alegría son lenguajes con los que podemos comunicarnos con Dios y con los niños. Porque ni Dios ni los niños pueden entender el lenguaje del odio, de la malevolencia, de la venganza, de la ira ni del egoísmo.

—«Hijo mío, ¿sabes que puedes volar?
—Volar, ¿qué es volar?
—Volar es tener un sueño y hacer que se haga realidad».

LA TABERNA DEL DERVICHE

–28–
La gran batalla

Desde pequeño, los aldeanos veían al maestro Tang Lung levantarse con el sol y meditar en el templo de Wudang, leer los textos taoístas, limpiar el altar y barrer los jardines hasta el mediodía. Luego comía algo de arroz con verduras y por la tarde entrenaba su estilo de taichí hasta que la noche lo pillaba en estos menesteres. Después de contemplar las estrellas un rato, Shi-fu Tang Lung regresaba a su humilde casa, cenaba y se acostaba hasta el día siguiente. Nunca aceptó discípulos y decían que su manejo de la espada no tenía parangón. Igualmente, una fuerza tranquilizadora y pacífica se desprendía de él mientras danzaba con su sombra. Tan duro era su entrenamiento que alguien le indicó:

—Maestro, se adiestra como si esperase una gran batalla.

A lo que Shi-fu contestó:

—Ciertamente así es. Pero esa batalla ya está aquí. Por la mañana lucho contra la pereza y el sueño que pretenden evitar que realice mis meditaciones. Lucho también contra la duda, que lo corroe todo y me tienta con el desánimo. Combato también contra la gula y contra el orgullo de creerme superior a los demás. Más tarde lucho contra la maledicencia y la ignorancia, contra los deseos egoístas, contra la violencia y contra el olvido de reverenciar todo lo sagrado. Como ves, amigo mío, numerosos son los enemigos a los que me enfrento cada día. ¡Por eso debo estar listo!

Muchos místicos han encontrado el camino hacia la iluminación haciendo justamente lo contrario de lo que su ego les decía. Con esto consiguieron vencer sus propios oscurecimientos e iluminaron su alma. Esta fue precisamente la práctica principal de un viejo y noble gurú que, tras años de mortificantes prácticas devocionales, ayunos rigurosos, infinitas meditaciones y la recitación de largas letanías, despertó la compasión de Mahoma, quien una noche se le apareció y le dijo:

—Amigo mío, si quieres conocer realmente a Dios, ¡sígueme! —El yogui, notablemente perturbado, dudó unos minutos antes de seguirle. Cuando regresó de nuevo a su habitación tras surcar con el profeta Muhammad los siete cielos y le contó a sus parientes y vecinos lo que había sucedido, la gente le preguntó:

—¿Por qué has seguido a Mahoma si tú no eres musulmán?

A lo que el yogui contestó:

—Durante toda mi vida he soportado las inclemencias del tiempo por amor a Dios. He practicado ayunos tan rigurosos que, desde mi estómago, podía tocar mi columna vertebral. He practicado meditación hasta que mi cuerpo ha quedado entumecido por la inacción. He hecho todas estas cosas reconociendo no obstante la voz de la oscuridad en mi interior intentado persuadirme de mi labor. Pero nunca he tenido que luchar tanto contra ella como cuando el Profeta se me apareció y me pidió que le siguiera. Solamente por la terrible oposición de mi ego para evitar que fuera junto a Mahoma, supe que el camino de Mahoma me llevaría directamente hasta Dios... por eso le seguí.

–29–
Las dos velas

Cuentan que, en cierta ocasión, un sacerdote que estaba mal de la vista andaba siempre pidiéndole a sus monaguillos que, al atardecer, antes de la celebración de Vísperas, encendieran dos velas en el Altar Mayor. Luego se acercaba a ellas, ponía el libro de himnos debajo, leía las oraciones y cantaba los salmos. Así pasaron muchos años y todos olvidaron al sacerdote medio ciego que enseñaba en este lugar y no se preocuparon de estudiar el libro sagrado, ni de rezar las oraciones prescritas. Pero, sin embargo, todavía se siguen encendiendo las dos velas cada atardecer porque creen que eso es lo más importante que deben hacer...

ENSEÑANZAS

Los hombres tenemos el mal hábito de cambiar el mensaje original de los santos en favor de la superchería que los rodea. Jesús dijo que nos amáramos los unos a los otros, pero en vez de eso, no paramos de mirar la paja en el ojo ajeno, olvidando la viga en el nuestro. También dijo: no juzguéis y no seréis juzgados, pero nosotros no dejamos de murmurar y de señalar a nuestros semejantes, olvidando que, con la misma vara que midamos, seremos medidos. Él también dijo: perdonar hasta setenta veces siete, pero nuestro corazón es duro como una piedra, presto para la ira y tardo para el perdón. Sin embargo, compramos bellos crucifijos que nos colgamos en el cuello sin comprender que la cruz de Jesús pesa mucho y que eso no hará que nos acerquemos más a él.

«Cuando un místico regresó del desierto, sus vecinos le dijeron:

—Cuéntanos, ¿cómo es Dios?

Pero ¿cómo podría él expresar con palabras lo que había experimentado en lo más profundo de su corazón? ¿Acaso se puede expresar la verdad absoluta? Al final les confió una fórmula, inexacta, eso sí, con la esperanza de que alguno de ellos pudiera sentir la tentación de experimentar lo que él había sentido. Entonces todos aprendieron la fórmula, la convirtieron en su texto sagrado y se la impusieron unos a otros como si de un dogma se tratara. Incluso peregrinaban a otras tierras para difundirla y algunos llegaron a dar su vida por ella. Sabiendo esto, el místico quedó muy triste y pensó:

—Tal vez habría sido mejor que no hubiera dicho nada».

Anthony de Mello

–30–
Detrás de la cortina

Cuando llegué a Delhi me encontré con un maestro sufí llamado Baba, quien me acogió amablemente en su casa para adiestrarme en las ciencias del espíritu. Recuerdo que un día me llamó y me pidió que rezara delante de una cortina. Después de inclinarme y postrarme, Baba retiró la cortina y, para mi sorpresa, descubrí otro chico delante de mí, sentado sobre sus rodillas, que, como yo, también había terminado de rezar. Entonces Baba nos miró y dijo:

—He levantado la cortina para que veáis que vuestro corazón se ha inclinado ante el corazón del otro, que lo más sagrado que tenéis se ha postrado ante lo más sagrado que el otro tiene. Hijos míos, debéis esforzaros siempre por ver a Dios en vuestros semejantes. Dios está ahí, en vuestros pechos y en los corazones de todos los seres, en la capilla que cada uno guarda en su interior. ¡Esa es la verdadera Kaaba! Ahora que ya conocéis dónde está la Casa de Dios, nunca más penséis que alguien es distinto de vosotros porque tenga otra religión o porque piense de manera diferente. Inclinaos siempre ante lo más sagrado que hay en los seres sabiendo, no obstante, que es un reflejo de lo que vosotros también sois…

ENSEÑANZAS

«Si vuestros guías os dicen que el Reino está en el cielo, los pájaros os precederán. Si os dicen que está en el mar, entonces los peces os precederán. El Reino está dentro de vosotros y fuera de vosotros. Cuando os lleguéis a conocer, entonces seréis conocidos y sabréis que vosotros sois los hijos del Padre Viviente».

Evangelio de Tomás

-31-

La historia de Mojud

I dries Shah contaba que había una vez un hombre llamado Mojud. Vivía en un pueblo donde había obtenido un puesto como funcionario menor y parecía probable que terminara sus días como inspector de pesos y medidas. Una tarde, cuando estaba caminando por los jardines de un viejo edificio cerca de su casa, el *khidr* —el misterioso guía de los sufís— se le apareció vestido de verde resplandeciente y le dijo:

—¡Hombre de brillantes perspectivas! Deja tu trabajo y encuéntrame en la ribera del río dentro de tres días.

Luego desapareció.

Mojud fue a ver a su superior y le dijo que tenía que partir. Pronto, todos en la aldea se enteraron de esto y dijeron:

—¡Pobre Mojud! Se ha vuelto loco.

Pero, dado que había muchos candidatos para su puesto, lo olvidaron rápidamente.

El día convenido, Mojud se encontró con el *khidr*, quien le dijo:

—Rasga tus vestiduras y arrójate al río. Quizás alguien te salve.

Mojud así lo hizo. Debido a que sabía nadar, no se ahogó, pero flotó a la deriva un largo trecho antes de que un pescador lo subiese a su bote, diciéndole:

—Estás loco, pero te llevaré a mi choza junto al río y veremos qué se puede hacer por ti.

Cuando descubrió que Mojud era bien hablado, aprendió de él a leer y a escribir. A cambio, Mojud recibió comida y ayudó al pescador con su trabajo. Después de unos pocos meses, el *khidr* apareció nuevamente, esta vez a los pies de la cama de Mojud, y le dijo:

—Levántate ya y deja a este pescador. Se te proveerá con lo necesario.

Mojud salió inmediatamente de la choza y deambuló hasta que llegó a una carretera. Cuando nacía el alba vio a un granjero en un burro camino del mercado.

—¿Buscas trabajo? —le preguntó el granjero—. Porque necesito a un hombre que me ayude a traer de vuelta algunas compras.

Mojud lo siguió y trabajó para el granjero durante casi dos años, al cabo de los cuales aprendió mucho sobre agricultura. Un atardecer, mientras estaba enfardando lana, el *khidr* se le apareció y le dijo:

—Deja ese trabajo, camina hacia la ciudad de Mosul y usa los ahorros para convertirte en un mercader de pieles.

Mojud obedeció. En Mosul se hizo conocido como mercader de pieles y en tres años había ahorrado una suma considerable de dinero. Estaba pensando en comprar una casa, cuando se le apareció el *khidr* y le dijo:

—Dame tu dinero, aléjate de este pueblo hasta Samarcanda y trabaja allí para un almacenero.

Mojud así lo hizo. Pronto comenzó a mostrar indudables signos de iluminación: curaba a los enfermos, servía al prójimo y su conocimiento de los misterios se volvía cada vez más y más profundo. Clérigos, filósofos y otros le visitaban y preguntaban:

—¿Con quién estudiaste?

—Es difícil de decir, decía Mojud.

Sus discípulos le preguntaban:

—¿Cómo comenzaste tu carrera?

Él decía:

—Como un pequeño funcionario.

—¿Y la abandonaste para dedicarte a la automortificación?

—No, simplemente la abandoné.

Pero ellos no lo comprendían. La gente se le acercaba para escribir la historia de su vida y le preguntaban qué hechos portentosos y maestros maravillosos había conocido, pero Mojul contestaba.

—Todo comenzó cuando salté a un río y me convertí en pescador. Después abandoné ese oficio y me convertí en agricultor y ganadero. Mientras estaba enfardando lana, cambié y fui a Mosul, donde me convertí en un mercader de pieles. Allí ahorré algún dinero, pero no me sirvió de nada. Luego caminé hasta Samarcanda, donde trabajé para un almacenero. Y aquí es donde estoy ahora.

—Pero esta conducta vulgar no arroja luz sobre tus extraños dones, —replicaron sus biógrafos.

—Así es —dijo Mojud. Entonces ellos construyeron para Mojud una historia excitante y maravillosa, porque todos los santos tienen que tener su historia, y la historia debe estar en concordancia con el apetito del oyente, no con las realidades de la vida. Y ya que a nadie se le permite hablar directamente sobre el *khidr*, es por ello que se construyó este cuentecillo, donde probablemente Mojud fue instruido por el *khidr*.

ENSEÑANZAS

Cualquier santo debe tener una vida llena de milagros… o al menos eso es lo que desea todo el mundo. Nadie puede reconocerse como un maestro espiritual sin haber hablado antes con Buda, Jesús o Mahoma. Quienquiera que anhele ser escuchado por el populacho debe hacerse seguir de un cuentecillo como el de Mojud, porque no es posible que un hombre o una mujer normal, haciendo sus labores con presencia plena y cultivando la buena voluntad, pueda alcanzar la santidad.

«ESTE CUENTO LO ESCUCHÉ POR PRIMERA VEZ HACE MUCHOS AÑOS EN LA CASA ANDALUSÍ DE CÓRDOBA JUNTO A MI QUERIDA AMIGA SALMA AL TAJI AL FAROUKI, A QUIEN SE LO DEDICO CON TODO MI CARIÑO.»

—32—

La vacuidad
de los ídolos

Mi maestro contaba que, en cierta ocasión, Dios oyó el llanto de un hombre que gritaba movido por un profundo dolor, por lo que llamó a uno de sus ángeles y le encargó que buscara a esa persona, le diera consuelo y aliviara su tristeza. El ángel bajó a la tierra y buscó en las mezquitas, en las sinagogas, en las iglesias y en todos los templos donde no hubiera ninguna imagen, pues es sabido que los ángeles no entran en ningún lugar donde se dé culto a figuras o estatuas. Sin embargo, no encontró a nadie que encajara en la descripción que Dios le había dado. Viéndose al borde de la desesperación, el ángel decidió dejarse guiar únicamente por los sollozos, y así pudo por fin encontrar al hombre que estaba buscando. Cuando le vio, descubrió que estaba rodeado de pequeños ídolos que adornaban su estancia, por lo que nada más regresar al cielo, se postró ante Dios, le contó lo sucedido y le confesó su desconcierto. A lo que Dios contestó:

—Ese hombre estuvo adorando durante toda su vida imágenes de otros que no soy yo y venerándome bajo formas que no me hacen justicia. Solamente hoy, gracias a su reflexión y a su razonamiento, ha podido conocer que Yo soy el que soy, y que estoy más allá de todas las formas. Al darse cuenta de que había perdido su vida yendo detrás de creencias erróneas, se ha puesto a llorar desconsolado, buscándome por primera vez en su corazón sin asociarme con nada ni con nadie. Por eso le he amado, por eso le he escuchado y por eso le he enviado mi consuelo.

De la misma manera que la rosa es la manifestación de la belleza, el amor es la manifestación de Dios. No obstante, los hombres siguen asociándole miles de intermediarios, siguen pensando que necesitan acudir obligatoriamente a una iglesia o vincularse a una religión determinada que dirija sus oraciones y manipule sus vidas. Siguen viendo a un Dios lejano y desconocido que está fuera de sí mismos. No han comprendido que Dios también es un estado del ser.

Cuando una madre canta una nana a su pequeño, la canción no parece demasiado importante. Sin embargo, es la manifestación de su amor y de su ternura. De un sentimiento tan profundo que solamente puede expresarlo cantando y arrullando al pequeño contra su pecho. En ese instante se detiene el tiempo y los ángeles lloran porque lo que ocurre es sencillamente maravilloso. Pero lo más increíble es que es realmente Dios quien está cantándole a su hijo en la forma de su madre. Y, en los brazos de Dios, Dios también duerme en la forma de su hijo. Una triple condición de amante, amor y amado que se manifiesta únicamente para enseñar al ser humano a hacer de tres dos y de dos uno. Así, podremos deleitarnos y llorar ante la rosa, porque quien ama a la rosa está amando a Dios.

No hay religión completa sin que Dios se manifieste de manera que el ser humano lo pueda reconocer como algo familiar y cercano. Pero no hay verdadera devoción si se pretende encerrar a Dios en un libro, en un cuadro, en una imagen, en unas leyes o en cualquier escultura. El único libro sagrado para el ser humano es su propio corazón y lo que encuentre en él. Miles de personas dedican toda su vida a memorizar el Corán, el Gita o los Evangelios, pero sin embargo no son capaces de comprender lo que pasa en su interior. ¡Qué gran pérdida de tiempo!

«Ya no tengo leyes ni reglamentos, no tengo corazón ni religión que me ate. Solo Tú y yo permanecemos, sentados en la esquina de la riqueza en la pobreza. ¿Qué diferencia hay si termino rezando en una iglesia o en La Meca? Una vez que me he abandonado a mí mismo, ¿qué diferencia puede haber entre unión y separación o entre Tú y yo?»

FAKHR AL DIN IRAQI

–33–
Un pajarillo en La Meca

Nunca podré olvidar las tardes de Ramadán en La Meca. Desde la oración de la media tarde hasta la del anochecer, Muhammad, Abdel Hamid y yo nos quedábamos en la terraza superior de la mezquita más sagrada leyendo el Corán, pasando las cuentas de nuestros rosarios o sencillamente viendo a los peregrinos circunvalar la Kaaba. Contemplarlos desde esa altura era como una oración, como una imagen a escala del cosmos girando alrededor de sí mismo. Otras veces, cuando el corazón así nos lo pedía, bajábamos y nos uníamos a la multitud, rodeando siete veces la Casa de Dios para después continuar hasta las colinas de Safa y Marwa.

En una de esas ocasiones, en la estación de Ibrahim, entre las piernas de los peregrinos vi en el suelo un pequeño pajarillo que saltaba de un lado a otro para evitar ser aplastado por la multitud. Sin pensármelo dos veces, me agaché y lo cogí. Con la precaución debida, contemplé a la pequeña criatura, que tranquilamente se había dejado atrapar entre mis manos, y pensé en seguir realizando las vueltas a la Kaaba llevándola conmigo. Aunque podía sentir los latidos de su corazón entre mis dedos, también intuí que se sentía a salvo, seguro, y que, como yo, quería rodear la Casa de Dios para alabar al Señor de los mundos. De esa manera lo puse contra mi pecho para evitar que un golpe de la gente pudiera hacerlo caer, y continué mi primera circunvalación.

Absorto en mis oraciones, no pude evitar fijarme en la tranquilidad de la pequeña criatura. De vez en cuando lo miraba de reojo para ver cómo observaba todo alrededor sin quejarse y sin hacer el menor ruido, como si él también estuviera rezando. Así terminé la séptima vuelta y, tras saludar por última vez a la Piedra Negra como manda la tradición árabe, noté que el pajarillo comenzaba a moverse, como pidiéndome que lo soltara para poder seguir su camino. Así que abrí la mano y, tranquilo, salió volando y trinando hacia algún lugar del cielo mientras yo me dirigía hacia las dos colinas por las que deambuló Agar, la esclava de Abraham, buscando agua para su hijo Ismael.

No puedo explicar por qué aquella pequeña criatura consintió en realizar este ritual conmigo. Yo tan solo tuve el honor de acompañarla para aprender que todos los seres, no importa su tamaño o su naturaleza, conservan el instinto natural de adorar a Dios. Cosas así solo pueden pasar en lugares donde Él tiene puesta su mirada constantemente.

ENSEÑANZAS

«Bebe agua donde la bebe tu caballo. Un caballo nunca tomaría agua mala. Tiende tu cama donde el gato duerme plácidamente. Come la fruta que ha sido tocada por una lombriz. Sin miedo, recoge los hongos sobre los que se posan los insectos. Planta un árbol donde el topo escarba. Construye tu casa donde las víboras toman el sol. Cava un pozo donde los pájaros se esconden del calor. Ve a dormir y levántate al mismo tiempo que las aves, cosecharás los granos de oro de la vida. Come más verde, tendrás piernas más fuertes y un corazón resistente, como el alma de los bosques. Observa el cielo más seguido y habla menos, para que el silencio pueda entrar en tu corazón, tu espíritu esté en calma y tu vida se llene de paz».

SERAFÍN DE SAROV, MONJE ORTODOXO (1754-1833)

–34–
En lo que me has convertido

uentan que hace mucho tiempo un hombre se quedó
viudo. Como tenía un hijo pequeño, pensó que lo mejor
sería casarse de nuevo lo más pronto posible para que el
pequeño no echase de menos la figura materna. No obstante,
su nueva esposa enseguida empezó a sentir unos tremendos
celos por la criatura. Tanto era así que no perdía la ocasión de
insultarlo siempre que podía, diciéndole que cuando creciera
sería una mala persona y que únicamente serviría para hacerle
daño a los demás. El tiempo pasó y el niño se hizo adulto. Y,
como un cuento es un cuento, el padre falleció dejándole toda
la herencia a su hijo. Cuando la mujer se enteró, fue a pedirle a
su hijastro que no la echara de su casa, pero el joven no consintió en concederle lo que le pedía y, antes de marcharse, se volvió
hacia ella y sentenció:

—¿Qué esperabas? Llevabas tanto tiempo insistiéndome
para que me convirtiera en una mala persona, que al final lo
has conseguido.

ENSEÑANZAS

Tiempo atrás algunos maestros de meditación visitába-
mos las cárceles y los centros de menores para enseñar a
los presos el arte de la meditación. Aunque al principio
los reclusos se mostraban distantes, al cabo del tiempo,
cuando ahondábamos más en la práctica, la mayoría quería que conociéramos sus historias para que pudiéramos
ayudarles. Cierto día, uno de ellos me confesó que se veía

a sí mismo como el resultado de todos los insultos que había tenido que soportar, de todas las malas contestaciones, los cuchicheos, la falta de educación y los abusos por parte de «la gente buena». Harto de que lo trataran tan mal, no pudo más y estalló, convirtiéndose en lo que esas personas querían que fuera hasta que al final acabó encerrado aquí.

Llorando, el muchacho se sentía una víctima de la sociedad, pues, según él, todas esas personas supuestamente decentes que le habían tratado mal estaban en libertad y nadie les pedía cuentas por sus acciones. Sin embargo, él tenía que estar en la cárcel por haberse convertido en lo que ellos querían que fuera... y en el fondo llevaba algo de razón.

–35–
Los nombres de Jesús

C aminaba Jesús con uno de sus discípulos cuando un anciano que estaba descargando los bártulos de su borriquito le gritó:

—¡Moisés, corre, ven a ayudarme!

Jesús se acercó inmediatamente, cogió todos los pesados bultos y los metió en la casa del hombre, despidiéndose después. No obstante, al cabo de un rato, el discípulo le preguntó:

—Maestro, ¿por qué acudiste cuando ese anciano te llamó si tu nombre no es Moisés?

A lo que Jesús contestó:

—Porque, aunque no supiera mi nombre, sabía que yo podía ayudarle, por tanto, ese hombre me conocía muy bien.

ENSEÑANZAS

Cuentan que el buscador espiritual debe pasar por tres salas mágicas. En la primera anda buscando saber qué dicen las religiones acerca de Dios, si es uno, si muchos, si está en el cielo o en la tierra. Cuando elige la religión que más le gusta, mira a las otras como peores que la suya y se ensoberbece. Después, en la segunda habitación, busca la moral perfecta, la práctica espiritual perfecta, los detalles del más allá y del reino de los cielos. Entonces sucede lo mismo que en la habitación anterior. Cuando cree haber encontrado las respuestas, se envalentona y se jacta de lo que sabe. Pero hay una tercera sala. Quien entra en ella ya no busca nada porque lo ha encontrado todo. Ya no se jacta de saber, porque sabe que no sabe. Ya no discute con nadie, porque ya no tiene enemigos. Y ya no busca religiones, porque ha encontrado a Dios. En esa habitación solo hay silencio, paz y mucho amor. Desafortunadamente, esta última sala es difícil de encontrar y siempre se encuentra vacía porque todos se han quedado en las otras dos.

«Dios le dijo al hombre que saciara su hambre, pero el hombre se afana en discutir con qué mano debe llevarse los alimentos a la boca».

LA TABERNA DEL DERVICHE

–36–

Resucitar a los muertos

Dicen que, en cierta ocasión, un hombre occidental se llegó a casa de un yogui que tenía fama de hacer muchos milagros y le dijo:

—Señor, ¿podría enseñarme a volar?

A lo que el yogui contestó:

—Mejor que yo podrían enseñarte los pájaros. ¡Ve y pregúntales a ellos!

El occidental volvió a insistir:

—Señor, ¿podría enseñarme a convertir el agua en vino?

A lo que el yogui contestó:

—Mejor que yo podría enseñarte un vitivinicultor. ¡Vete a preguntarle a él!

Por último, el hombre dijo:

—Señor, ¿podría al menos enseñarme a resucitar a los muertos?

Por lo que finalmente el yogui contestó:

—Antes de intentar devolver la vida a los demás, deberías preocuparte por vivir tú mismo, pues todavía no he visto que los muertos puedan resucitar a los muertos…

ENSEÑANZAS

Si hay una aspiración por ser mejor es porque en alguna parte hay alguien que ha dejado programada una huella de su perfección dentro de nosotros, y esa huella, ese anhelo, es lo que nos impulsa a alcanzar el origen de esta certidumbre. Si fuésemos perfectos, no tendríamos este anhelo, ni emprenderíamos la búsqueda de la perfección. Como sabemos que no lo somos, buscamos el origen del reflejo que hemos encontrado en nuestro interior. A esa idea de perfección yo la llamo Dios. Dios no es una religión, es una reconciliación con nuestra alma olvidada, un anhelo por la perfección, un regreso a casa.

–37–
Lo puro y lo impuro

En cierta ocasión un hombre occidental, paseando por África, se encontró con un sacerdote ortodoxo. Ambos conversaron un rato y, antes de despedirse, el extranjero le ofreció su mano, pero el sacerdote la rechazó explicándole que tenía prohibido tocar a un infiel para evitar contaminarse. Ambos siguieron sus caminos con tan mala suerte que el sacerdote resbaló y a punto estuvo de caerse por un precipicio de no ser porque se agarró a tiempo a una raíz que iba cediendo poco a poco. Muerto de miedo, gritó pidiendo auxilio al extranjero, quien le respondió:

—Lo siento amigo, pero no veo la manera de salvarte la vida sin atentar contra tu religión.

ENSEÑANZAS

Esta historia está basada en el capítulo final de mi libro *El Grial de la Alianza*, de ediciones Almuzara, donde relato cómo en Etiopía me encontré con el guardián del Arca de la Alianza que supuestamente se custodia en Axum. Después de una tensa conversación, en la que el hombre me explicó que no podía tocar a ninguna otra persona que no profesase su misma religión para no contaminarse con nuestros pecados, me pidió que le enseñara el ticket de entrada al recinto, por el que tuve que aportar una buena suma de dinero, pues parecía que mi dinero no podía contaminarlo, pero yo sí.

–38–
La belleza interior

Hace algunos días oí la historia de una chica que, tras un accidente de tráfico, quedó desfigurada. Ella estaba muy preocupada porque pensaba que su marido no podría quererla así, no obstante, cuando él se enteró, la tomó de la mano y, mirándola a los ojos, le preguntó:

—¿Te ha pasado algo en el corazón?

—¡No! —respondió la mujer muy extrañada.

—Entonces no tienes de qué preocuparte. Hay gente que ama el cuerpo, pero el cuerpo envejecerá y morirá. Otros, sin embargo, preferimos amar el alma, porque el alma no envejece ni puede morir.

ENSEÑANZAS

Quizás algún día dejaremos de darle tanta importancia a lo externo y empezaremos a valorar lo que realmente importa. ¡El corazón!

Hace algunos días veía un comercial de televisión donde alguien aseguraba que somos como vestimos. En aquel momento pensé que llevaba razón, pero no en la escala de valores que ellos proponían para que comprásemos ropa cada vez más cara, sino en lo que yo valoro de una persona y en lo que valora la sociedad. Yo prefiero que alguien se vista de sinceridad y de nobleza antes que llevar un pantalón de marca y un jersey de hilo fino. Prefiero que alguien se vista de compasión y de bondad antes que se enfunde un vestido último modelo y unos zapatos de marca registrada. Prefiero mil veces ponerme el mono de trabajo para ayudar a los demás que traje chaqueta para mirarlos por encima del hombro.

Y es que parece ser que mi reino no es de este mundo. En mi reino tengo como modelo de virtud a Mahatma Gandhi, que vestía humildemente, con ropas que se hacía él mismo, hilando la lana en una rueca. Tengo como maestro a Jesús de Nazaret, que dijo: «Del vestido, ¿por qué preocuparos? Observad los lirios del campo, cómo crecen; no se fatigan ni hilan. Pero ni siquiera Salomón, en toda su gloria, se vistió como uno de ellos».

En este mundo hay que dar una imagen, si no, corres el riesgo de ser un paria, un loco, un exiliado. Pero pagando ese precio, corres también el riesgo de convertirte en una marioneta, en una sombra de ti mismo, en un peón del sistema, perdiendo toda tu libertad. Aquello que por derecho te corresponde, tu alma.

«¿De qué le vale al hombre ganar el mundo entero, si a cambio pierde su alma?»

(MATEO 16, 26)

–39–
La mariposa y la luna

Julia «Butterfly» Hill tenía veintitrés años cuando decidió salvar a *Luna*, una secuoya de sesenta metros de altura y más de quinientos años, subiéndose a una sus ramas para evitar que la empresa maderera *Pacific Lumber* la talase junto a otros tantos árboles del bosque de *Stanford, California*. Aunque podía haber luchado de otra forma, dando patadas y puñetazos a diestro y siniestro, los brazos de Julia no estaban hechos para empujar, sino para dar abrazos, y precisamente eso es lo que hizo, abrazar a Luna para salvarle la vida aun a riesgo de la suya propia.

Lo que en principio debían ser solo una o dos semanas, hasta que otra persona la relevase, se prolongó durante dos años. Desde pequeña, Julia era conocida con el sobrenombre «Butterfly», mariposa, porque en cierta ocasión, de camino a casa, una mariposa se le posó en el hombro, acompañándola durante un largo trayecto. Quizás aquello fue el detonante para que esta joven comenzase a sentir una increíble conexión con la naturaleza, lo que la llevaba a dar cada vez más paseos por el bosque, a sentarse bajo cualquier árbol e incluso a aficionarse a contemplar el cielo nocturno.

Mientras algunos de sus compañeros le suministraban comida y objetos de higiene básica desde abajo, subiéndoselos mediante poleas, otros, afines a los intereses de la maderera, le tiraban piedras y chorros de agua para hacerla caer y la insultaban, amenazando a su familia y agrediendo a sus amigos. Todo para hacer que la pequeña mariposa dejase su rama del árbol. Aunque al principio se la podía ver con unas zapatillas de deporte, por alguna mística razón, de un día para otro,

Julia también las dejó caer. Ahora se sentía unida a la secuoya y no quería que un trozo de plástico, o cualquier otra cosa, impidiera esa conexión. Árbol y humana llegaron a fundirse en un solo ser y ambos cuidaban uno del otro.

A pesar del fuego intencionado que los secuaces de la empresa provocaron para obligar a Julia a bajar, todo fue en vano. La misión de la joven había trascendido su individualidad y ahora era un reflejo del espíritu de toda la humanidad que, como ella, abrazaba a la naturaleza buscando de nuevo aquel lugar en su seno que dejamos olvidado con el correr del mundo. El alma de Julia fue haciéndose cada vez más y más grande, albergando también al bosque entero. En su pecho podía sentir el latir del planeta, que ahora le hablaba directamente al corazón, y no comprendía cómo alguien podía pensar que, haciendo daño a la tierra, ese daño no repercutiría directamente también en los hijos de la tierra.

Al cabo de un tiempo, y a pesar de las maldades que había tenido que soportar por parte de la maderera, la empresa, decidida a lavar su imagen, se comprometió a respetar a Luna y a los otros árboles en sesenta metros a la redonda, por lo que por fin la mariposa pudo bajar de su árbol. No obstante, su lucha no ha terminado, puesto que sigue formando parte de las sentadas para impedir la tala de árboles en Norteamérica, además de haber fundado la organización *Circle of Life*.

Su obra, *El Legado de Luna,* ha servido para concienciar y emocionar a cientos de personas de todo el mundo, convirtiendo orugas en mariposas y acercándonos así más a unos bosques que, gracias al sencillo aleteo de Butterfly, ya no nos parecen tan lejanos.

ENSEÑANZAS

Toda la creación está componiendo una bella sinfonía de ayuda mutua. Los ríos nos traen agua potable y se llevan toda la suciedad que encuentran. Los árboles purifican el aire con sus hojas y con sus ramas secas nos proporcionan combustible para calentarnos. Los animales nos ceden sus cuerpos y sus pieles para que podamos subsistir. Todos los seres dan lo que tienen para que el ciclo de la vida pueda continuar. Únicamente el ser humano recibe sin ofrecer nada a cambio. Eso, algún día, tendrá que cambiar.

Lelanie Fuller-Anderson, escritora de origen cheroqui, nos transmitió una leyenda que dice así:

«Hubo una vez una anciana llamada Ojos de Fuego, nativa de la tribu Cree de Norteamérica. Esta mujer lanzó una profecía que ha llegado hasta nuestros días. Ella dijo:

—Llegará el tiempo en que la codicia de los hombres de ciudades hará que los peces mueran en los ríos, que las aves caigan de los cielos, que las aguas se ennegrezcan y que los árboles ya no puedan tenerse en pie. Entonces, la humanidad, tal y como la conocemos, estará abocada a su final. Llegará el tiempo en que necesitemos a los que preservan las tradiciones, las leyendas, los rituales, los mitos y las viejas costumbres de los pueblos indígenas para que ellos nos muestren cómo recuperar la salud, la armonía y el respeto por nuestros semejantes. Ellos serán la clave para la supervivencia de la humanidad. Llegará el día en que algunas personas, de todas las razas y religiones, despierten de su letargo y se dediquen a forjar un mundo de justicia, de paz, de libertad y de respeto por el Gran Espíritu. Ellos serán llamados Los Guerreros del Arco Iris, y enseñarán a la gente que el Gran Espíritu es un ser de amor y de comprensión, y nos mostrarán cómo devolverle a la Tierra toda su belleza. Estos Guerreros del Arco Iris proporcionarán a los hombres de ciudades los principios y reglas para llevar una vida acorde con la espiritualidad. Unos principios que serán los mismos que seguían los pueblos del pasado. Entonces sus hijos podrán correr nuevamente libres por los bosques y disfrutar los tesoros de la Naturaleza y de la Madre Tierra. Los ríos fluirán limpios otra vez, las selvas serán abundantes y llenas de hermosura, y de nuevo habrá aves y animales sin número. El pobre, el enfermo y el necesitado recibirán cuidados de sus hermanos y hermanas de toda la Tierra. Los líderes de los pueblos volverán a ser elegidos a la vieja usanza. No por el grupo político al que pertenezcan ni porque griten más fuerte que los demás; serán elegidos únicamente aquellos cuyas acciones digan más que sus palabras. Estos serán los Guerreros del Arco iris, y esta es la razón que me impulsa a proteger la cultura, la herencia y los conocimientos de mis antepasados».

–40–
El loco

Cuando subí a la montaña y me encontré con el guardián de la verdad, me di cuenta de que estaba completamente loco. El hombre, adivinando mis pensamientos, me preguntó: «¿Y cómo crees que alguien puede comprender la verdad sin haberse roto antes a sí mismo y sin haber abrazado la locura?».

ENSEÑANZAS

Hace algunos años, paseando por una calle de Jaén, vi una cruz colgada en la pared con la efigie del Nazareno. En algunos lugares de Andalucía todavía se conserva la tradición de poner imágenes sagradas al principio de las calles más oscuras para que atraigan la luz. No obstante, lo que me sorprendió fue descubrir que la gente había ido amontonando basura debajo del cruceiro, así que decidí ir retirándola poco a poco para ponerla en otro lugar. Mientras me afanaba en esta labor, al escuchar el ruido, un vecino se asomó al balcón de su vivienda y desde el fondo de la casa escuché cómo su mujer le preguntaba qué estaba pasando fuera. A lo que el hombre contestó:

—Nada. Solamente es un loco que está quitando la basura de debajo de la cruz.

Desde entonces comprendí que yo era un loco y di las gracias a Dios por regalarme esta locura, puesto que quizás sea una locura semejante a la que sintió mi querido san Francisco de Asís.

Meses después, cuando visité París para documentarme sobre el posible el paso del Arca de la Alianza por la capital del Sena, decidí acercarme al Sacre Coeur, en la colina de Montmartre, posiblemente uno de los lugares más sagrados de Francia. Tras subir al collado, de unos ciento cincuenta metros, por fin pude entrar en el corazón de Jesús. En la India piensan que los templos son como el cuerpo de Dios, y que cuando alguien entra en cualquier capilla, iglesia, sinagoga o mezquita, lo que realmente está haciendo es acceder al interior de la divinidad, por lo cual muchos se sacan el calzado de sus pies, pues creen que el lugar al que van a entrar es tierra sagrada.

El cristianismo tiene muchos puntos afines a la tradición hindú, y considerar este edificio de piedra blanca como la representación terrenal del inmaculado corazón de Dios es uno de ellos. Una vez dentro, el alma busca su sitio entre las bancadas y el viajero se transforma en peregrino al compás del sonido del silencio, roto únicamente por el crepitar del espíritu que reclama poder comunicarse íntimamente con el secreto de su ser.

Tras pasar un rato conversando con mi corazón, por fin me levanté, me di la vuelta, firmé el libro de visitas y volví a bajar hacia el valle para dirigirme a Saint Denis. No obstante, quedando solo un par de filas de escaleras, me di cuenta de que el pañuelo de papel que antes llevaba en el bolsillo ya no estaba, por lo que posiblemente se me habría caído al sacar el bolígrafo para estampar mi rúbrica antes de salir del edificio. Fue entonces cuando recordé que yo era un loco que se dedicaba a limpiar los lugares santos, no a ensuciarlos. Así que volví de nuevo a subir los 237 escalones, busqué el papelito y, junto a un envase vacío que alguien había olvidado por error en el recinto, volví a salir y los tiré al cubo de la basura. Siempre que veo una imagen de ese lugar, recuerdo esta anécdota porque ingenuamente quiero pensar que, con mi gesto, limpié el corazón de Dios.

En cierta ocasión, un anciano, paseando por el mercado, encontró en el suelo una hoja de papel rota, arrugada y sucia, donde se podía leer uno de los nombres de Dios. Recogiendo el papelito del suelo, lo metió en su bolsillo y cuando llegó a su casa lo limpió, lo compuso de nuevo, lo perfumó y lo llevó a la mezquita más próxima, dejándolo dentro de uno de los ejemplares del Sagrado Corán que allí había. Esa noche, mientras dormía, la voz de un ángel le despertó para darle el siguiente mensaje: Porque has recogido mi Nombre de un lugar impuro, lo has protegido, lo has recompuesto, lo has limpiado, lo has perfumado y lo has trasladado a un lugar santo, yo haré lo mismo contigo. Te escojo para mí de entre los seres de este mundo, te protegeré, te limpiaré y perfumaré tu corazón y tu nombre, y te elevaré a un lugar de privilegio.

–41–

Perder la paz

En cierta ocasión un hombre descubrió que el cartero de su pueblo le había perdido la última carta que su novia le había enviado antes de morir. Sin embargo, como no mostró ningún signo de ira o de violencia, la gente, extrañada, se acercó para preguntarle por qué no se había enfadado. A lo que el hombre respondió:

—Porque si me hubiera enfadado, además de perder mi carta, también habría perdido mi paz.

ENSEÑANZAS

Ya que es imposible estar a salvo de los errores humanos, deberíamos al menos comprender que toda desgracia lleva consigo una semilla de fortuna, y que toda fortuna conlleva una semilla de desgracia, dependiendo de cómo la hagamos madurar en nosotros. Por ejemplo, recuerdo la historia de una pobre mujer que se enamoró de un hombre muy despiadado que la hizo sufrir mucho. Esto es aparentemente malo. Sin embargo, de su matrimonio nació un niño que llegó a ser santo, lo que es aparentemente bueno. Pero este no es el final del cuento porque el joven, deseando alcanzar niveles más profundos de meditación, se metió en una cueva en lo más profundo de la selva, donde fue devorado por un tigre. Pero este tampoco es el final del cuento porque, con la carne del santo, el tigre alimentó a sus dos crías, que se encontraban en peligro de extinción y a punto de morir de hambre. Pero este tampoco es el final del cuento porque una de las crías fue cazada por el ejército británico y enviada al zoo de Londres, donde Rudyard Kipling se topó con ella y le inspiró para crear su personaje *Shere Khan*, de *El libro de la selva*. Pero este tampoco es el final del cuento porque cierto actor que antes vivía de la beneficencia, interpretando a *Mowgli* en la obra de Kipling, se hizo rico y se dio a la bebida, por lo que su mujer lo abandonó llevándose con ella a toda su familia. Pero este tampoco es el final del cuento… porque este cuento no tiene final. Esto es a lo que llamamos samsara, o rueda del mundo fenoménico que gira y gira sin cesar creando causas y efectos indefinidamente[1].

---

1   Más información en mi libro: *Viaje a la India para aprender meditación.* Editorial Almuzara.

–42–

El maestro perdido

Cuentan que hace mucho tiempo, en la India, un hombre alcanzó el último *samadhi* —el nivel superior de meditación —. Sin embargo, en lugar de despertarse en él la visión del futuro, le fue concedido poder ver la realidad de las cosas tal cual son. De esa manera, cuando miraba a sus seres queridos, se daba cuenta de que eran movidos por la ignorancia y por las emociones negativas, de modo que intentaba ayudarles dándoles buenos consejos y guiándolos por el buen camino. Con todo, ninguno le hacía caso, y llegaron a padecer enormes sufrimientos debido a sus malas decisiones. Entonces el hombre tuvo la sensación de que estaba rodeado de niños a los que se les había concedido una responsabilidad enorme, la vida. En ese momento comprendió que este debía ser un planeta escuela, donde todos venimos a aprender. Pero como no pudo aguantar verlos sufrir, se retiró a la soledad de las montañas y no regresó jamás. Todavía hoy hay gente que dice haberlo visto sentado en meditación junto al Lago Turquesa, o en las faldas del sagrado Khailash, y muchos peregrinan hasta allí buscando su guía.

ENSEÑANZAS

Si deseamos meditar en la clara luz de la consciencia miraremos antes unos segundos al sol con cuidado de no hacerlo directamente para no quemarnos los ojos. Luego, al sentarnos, podremos distinguir una esfera luminosa en el espacio de nuestra mente. Entonces sostendremos la concentración en ella tanto tiempo como queramos, para acabar haciendo que recorra todo nuestro cuerpo, comprendiendo que, al ser luz sanadora, allá por donde pase nos hará recuperar la salud.

Realizaremos esta práctica todos los días hasta que podamos distinguir claramente la luz de nuestra consciencia sin necesidad de mirar al sol y notemos que nuestra individualidad se va fundiendo sin recelos en la clara luz de la consciencia, y que la clara luz de nuestra consciencia se va disolviendo en la suprema luz del Brahman.

–43–
La pierna y el brazo

Un matrimonio, de regreso a casa, tuvo un grave accidente con el coche y fue ingresado en el hospital. Aunque el hombre salió ileso, la mujer sufrió un severo golpe en la cabeza. No obstante, a ella solo le preocupaba que pudieran cortarle la pierna y el brazo derecho. Como no paraba de suplicar que no le amputasen los miembros, los médicos pensaron que tal vez el golpe le habría afectado también al cerebro. Sin embargo, el marido les explicó que su hijo, desde que era muy pequeño, cuando tenía algún problema, recostaba su cabeza en el muslo derecho de su madre mientras ella le acariciaba la cabeza con la mano. Únicamente así lograba calmarle. Es por eso que a ella no le preocupaba su propio bienestar, sino solo que su hijo siguiera teniendo un lugar donde recostarse para recuperar la serenidad.

ENSEÑANZAS

Mi maestro solía decir que hay un negocio que, si los hombres conocieran cuántos beneficios tiene, se harían ricos de la noche a la mañana. Es el de auxiliar a los demás. Cuando alguien ayuda a otra persona, las dos partes salen beneficiadas. En el mercado común, siempre hay alguien que gana y alguien que pierde. O alguien que gana más a costa de la pérdida de otros. Pero, en el negocio del amor, una parte se arranca sus sentimientos de codicia y los sustituye por compasión; mientras que la otra se arranca sus sentimientos de tristeza y los sustituye por esperanza. Por tanto, en este mercado las dos partes siempre ganan y están felices. El deseo egoísta es la fuente de todas nuestras penalidades. Aquel que causa daño a otros, se está causando daño a sí mismo. Mientras que aquel que ayuda a otros, se está ayudando a sí mismo.

–44–
El poder del mantra

M i maestro nos enseñaba a sentarnos en postura de meditación, a relajar el cuerpo y a recitar algunas letanías propias de su cofradía. Después nos dejaba unos segundos escuchando el silencio, que solamente se rompía con la nueva salmodia de súplicas a Dios. Recuerdo que, en cierta ocasión, alguien le preguntó si todos sus discípulos alcanzarían la iluminación, a lo que mi maestro negó con la cabeza, pero lo que sí nos prometió fue que quienes persistieran en la recitación de sus mantras, encontrarían paz espiritual.

ENSEÑANZAS

Mantra significa literalmente «protección de la mente». Desde tiempos remotos los maestros espirituales han utilizado diferentes sonidos de poder, conociendo que la vibración de esas palabras, junto con su significado, conducían al practicante a pacificar su mente, elevándolo igualmente de estación en estación. En el siglo pasado, *Masaru Emoto* se distinguió por sus experimentos al demostrar cómo las palabras, la música e incluso las ideas y los olores influían en las moléculas de agua, formando cristales dependiendo de su intención y significado. A vista de microscopio, los cristales que se formaron en los vasos que contenían palabras agradables eran luminosos, bien estructurados y gratos a la vista. Al contrario de aquellos que contenían palabras burdas y malsonantes.

Para utilizar estos mantras, para contabilizarlos, los meditadores han utilizado ciertos artilugios de cuentas unidas por un cordel. En la sociedad católica los llamaron *rosarios*, para budistas e hinduistas se llamaron *malas*, y los sufíes les dieron el nombre de *subha* o *tahsbir*.

Algunas palabras de poder son muy famosas, no solo por su significado, de por sí increíble, sino por su especial vibración, que nos empuja hacia un campo energético similar al de los estados de trance en los que se sumergen los místicos. Sin embargo, los mantras vienen realmente a sustituir los pensamientos negativos de nuestra mente, ocupándola con recitaciones virtuosas para que nada oscuro pueda emerger en ella.

La lucha real de todo meditador es contra su propia oscuridad, el ego, que quiere siempre ser el centro de atención y nos arrastra al sufrimiento. El ego ha ejercido el poder temporal de quien se ha dejado embelesar por su hechizo sin darse cuenta de que estaba siguiendo la voz vacía de un ser que él mismo había creado. Un ente que ahora guiaba sus pasos y dirigía su vida. El ego nos dice cómo vestirnos, cuándo comer, qué beber, a quién juzgar, qué decir y cómo pensar. Lo más curioso es que, cuando queremos situar esta entidad que nos gobierna, no la sabemos ubicar, puesto que no existe.

Si conseguimos anular la oscuridad de nuestra mente, surgirá la Claridad Original. Pero, como un ser vivo que se niega a morir, aferrado al miedo a desaparecer, el ego luchará con todas sus fuerzas por sobrevivir utilizando mil tácticas diferentes para embaucarnos.

Sentimientos como el amor, la bondad, la misericordia y la generosidad son soportes positivos porque alejan a la mente del autoengaño de su propia existencia independiente de todo, puesto que anteponen al prójimo sobre uno mismo. Subir por esos peldaños nos alejará del abismo de un yo que se cree el centro del universo, donde su único dios es él mismo.

La escalera hacia el cielo la conforman los actos virtuosos que se manifiestan a través del cuerpo, palabra y mente. Así, los buenos sentimientos son vórtices hacia la realidad última, mientras que los malos son como cadenas hacia un sufrimiento permanente.

Cuando el meditador descubre quién es realmente su enemigo, utiliza sin descanso la recitación de mantras virtuosos para anular el engaño de su propia realidad, ocupando su consciencia en esta práctica dentro y fuera de sus sesiones meditativas. Repetir los mantras constantemente, conociendo su significado, tiene la virtud de proteger la mente de sus propias ilusiones negativas, así como de acercarnos cada vez más a la Clara Luz, expulsando de nuestra alma la idolatría hacia nuestra propia imagen mental. Es por eso que se llaman mantras, porque en todo momento nos recuerdan dónde está la realidad, puesto que la perdición del hombre es el olvido. No obstante, si los automatizamos, quitándole su significado, no habremos conseguido nada de nada.

–45–
Las leyes de los hombres

En cierta ocasión un bandolero de complexión fuerte y cuchillo rápido se instaló en uno de los puentes de acceso a cierta ciudad haciendo uso de la intimidación para sacar de los viandantes unas cuantas monedas en concepto de peaje. Con el tiempo, esto llegó a conocerse por los alguaciles del reino, que mandaron una decena de soldados para apresar al criminal. Cuando lo trajeron maniatado, el oficial encontró en su bolsillo una abultada bolsa llena de monedas, fruto de la extorsión de aquella mañana. Al ver esto, el oficial mandó encarcelar al bandolero y puso en todos los puentes de acceso a la ciudad un destacamento de soldados para cobrar peaje a los que quisieran usarlos.

ENSEÑANZAS

A menudo, los gobernantes de nuestros países han olvidado dónde está la justicia, aquella que todos llevamos tatuada en nuestra consciencia desde que vinimos a este mundo, pero que, frente a los intereses mundanos, hemos sabido silenciar muy bien. A lo largo de nuestra vida hemos aprendido a mutilar el clamor del cielo para poder oír la voz de nuestro egoísmo que, aunque vaya refrendada por cientos de firmas, aprobada en el congreso y publicada en el Boletín Oficial del Estado, no por ello ha abandonado su condición.

Todo lo que atenta contra el interés general y favorece a unos pocos, va en contra de las leyes del cielo y de la tierra. Cualquier norma, costumbre o etiqueta social que nos aleje de nuestra humanidad, aunque venga disfrazada de santidad, es pura miseria. Mahatma Gandhi dijo: «Hay leyes injustas porque hay hombres injustos».

–46–
El aquí y el ahora

En cierta ocasión alguien se acercó a una reconocida maestra de taichí y le preguntó:

—Señora, ¿podría enseñarme un taichí que yo no sepa?

A lo que la maestra contestó:

—Mi taichí puede enseñarte a hervir arroz y a amasar pan.

—¡Qué tontería! —replicó el hombre—. Yo sé hacer esas cosas desde que era pequeño.

Entonces la mujer añadió:

—¡No lo has entendido! Mi taichí puede enseñarte a permanecer en el momento presente mientras hierves arroz y a no evadirte de tu vida cuando amasas pan.

Al escuchar esto el hombre, cabizbajo, no dijo nada más y se alejó de ella.

ENSEÑANZAS

Meditar es sinónimo de despertar al aquí y al ahora, pero también al amplio universo que se expande cuando dejamos de automatizar los procesos vitales y recuperamos el control de nuestra vida, inspeccionando la mente, los sentimientos y las emociones que derivan del deseo, del rechazo y de la ignorancia. La meditación nos invita a investigar nuestra verdadera esencia, que es pacífica, serena y muy luminosa.

La meditación no se practica únicamente con la mente, sino con todo el organismo, como el yoga y el taichí. Estos son ejercicios que requieren la plena atención, no solo de los músculos, sino también del páncreas, del estómago, de los pulmones, del corazón y de los intestinos. Todos los órganos y las vísceras deben estar presentes en la experiencia meditativa, de la misma manera que están presentes en el proceso de la vida, porque, como ya hemos explicado, meditar es sinónimo de reconectarnos con la vida.

–47–
El ego que ataca

Hace algún tiempo estaba un maestro espiritual dando una conferencia cuando un hombre muy soberbio se levantó entre el público y comenzó a insultarlo. Sin embargo, el maestro no hizo absolutamente nada y siguió hablando como si no fuera con él la cosa. Minutos más tarde, cuando hubo terminado de impartir sus enseñanzas, alguien se atrevió a preguntarle por qué no había reaccionado ante aquellos insultos, a lo que el maestro contestó:

—Porque el ego de ese hombre atacaba a otro ego. Pero, si el ego no existe, ¿quién podría responder? ¿Quién me estaba agrediendo y de quién me tendría que defender?

ENSEÑANZAS

Para vencer al ego se necesita a alguien que esté en ayuno, a alguien que esté a dieta de ignorancia y que solamente se alimente de sabiduría. A alguien que deseche las pasiones del mundo y de los instintos primarios. A alguien que no dé tanta importancia a saciar su estómago como a satisfacer su alma. A alguien que no esté poseído por las pasiones, sino más bien desposeído de los deseos mundanos. Se necesita a alguien que camine solo, que haya dejado atrás la compañía de sus demonios, e incluso también de sus ángeles, y que se abra hueco, paso a paso, hacia la eternidad.

–48–
El viajero infinito

Hace mucho tiempo, un hombre salió de su casa con un anhelo espiritual. En pos de esta empresa, recorrió todo el mundo, bebió de todos los ríos, surcó todos los mares y rezó en todos los templos. Solamente al final de su vida subió a Jerusalén y allí alcanzó un estado de cercanía a Dios que las palabras no pueden describir. Más tarde, cuando regresó a su aldea, alguien le preguntó:

—¿Para qué has recorrido todo el mundo, bebido de todos los ríos, surcado todos los mares y rezado en todos los templos? ¿Para qué has subido a Jerusalén si allí arriba no hay nada?

A lo que el hombre contestó:

—En todos los lugares donde he estado, me he encontrado con una parte de mí mismo. Por tanto, tuve que salir de casa para poder reencontrarme y juntar mis mitades. ¿Cómo puedes decir que en Jerusalén no había nada si estaba una parte de mi alma?

ENSEÑANZAS

Esta vida no es más que uno de los muchos viajes que nuestra alma debe realizar. Por tanto, disfruta, sonríe y vive sin hacer daño a los demás. Ten presente a Dios en tu respiración y de esa manera te acompañará siempre. Entona el Nombre Divino todo el tiempo que puedas y así no le perderás de vista. Quien desea expandir su mente, debe primero expandir su mundo, salir de su barrio, de su ciudad, de su país, de las cosas que le son conocidas y entrar en lo desconocido, porque tal vez en lo desconocido está su propio descubrimiento.

El arte de viajar es el arte de vivir, de conocer y de compartir. Ser viajero es un modo de vida que te mantiene alerta frente al sufrimiento y la apatía. Explorar lo que se te ha prohibido y degustar el manjar que te han negado es la meta última del buscador.

Hace algunos años acudió un hombre a ver a mi maestro y le dijo que, desde un tiempo a esta parte, venía notando que algo en su interior no funcionaba bien. Se había hecho cientos de reconocimientos médicos, pero no tenía ninguna enfermedad. Sin embargo, notaba un profundo vacío en su corazón que no le dejaba disfrutar del sabor de la comida ni de la tranquilidad del sueño. Entonces mi maestro, escrutando el fondo de su ser, lo miró y le dijo:

—No me extraña que te sientas así. Efectivamente, tu alma te abandonó para ir a la Ciudad Sagrada, donde tú nunca quisiste llevarla. El único remedio que conozco para que la recuperes es que corras tras ella y vayas a buscarla antes de que sea demasiado tarde. Por tanto, pon rumbo tú también a la Ciudad Sagrada. Pero como no sabes dónde tu alma puede haberse escondido, deberás pararte en cada iglesia, templo, mezquita y sinagoga, e incluso en cualquier claro del bosque, riachuelo o alta montaña para llamarla en voz baja y esperar a ver si ella te responde. Deberás preguntar también a los maestros que te encuentres por el camino y también a los niños. Pero si, después de hacer todo esto, no llegas a encontrarla, entonces regresa aquí y la buscaremos juntos.

De esa manera, el hombre partió e hizo todo lo que mi maestro le había ordenado. Echándose a los caminos, visitó los lugares más encantados que el mundo había conocido, se deleitó con los paisajes más fascinantes y desarrolló especial predilección por detenerse a oler las flores del jazmín. Así llegó a la Ciudad Sagrada y volvió a recuperar la paz que su corazón anhelaba. Pero como cuando llamaba a su alma no obtenía ninguna respuesta, decidió regresar a ver a mi maestro para contarle lo que había sucedido.

Cuando mi maestro le vio, sonriendo, le dijo:

—El alma es como nuestra sombra, pero tú te habías olvidado del sol. Antes de venir aquí, ibas detrás de ella para poder atraparla, pero ella siempre corría más que tú, por eso te sentías perdido y triste. Ahora que has descubierto el sol, es tu alma quien te persigue a ti. Y, si sigues caminando hacia la luz, ella nunca te abandonará y ambos llegaréis juntos a la aurora.

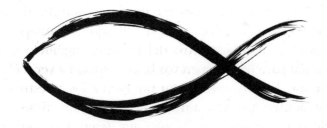

–49–
La magia del derviche

H ace algún tiempo conocí a un maestro sufí que cantaba loas a Dios y enseñaba a la gente a girar como los derviches. Aunque tenía la voz más horrible y estridente que jamás he oído, eso no impedía que su canto se metiera en el corazón de los que estábamos con él y nos hiciera brotar lágrimas de amor, contagiándonos de su estado. Solo de esa manera descubrí que el amor, cuando es verdadero, convierte en amor todo lo que toca y hace bello lo que de otro modo jamás podría serlo.

ENSEÑANZAS

Recuerdo que la primera vez que leí el Corán, sinceramente, no me dijo gran cosa. Lo que encontré en él era muy similar a lo que había leído en el Antiguo Testamento, por lo que no llamó demasiado mi atención. No obstante, mi maestro, presintiendo esto, me dijo:

—Olvida por ahora el Corán y dedícate exclusivamente a realizar tus cinco oraciones diarias.

¡Y aquello sí supuso una gran prueba para mí! Cada vez que me acercaba a la oración, mi ego se revolvía con fuerza. Aunque no era la primera vez que lo sentía patalear, nunca lo había percibido con tanta fiereza como entonces, por lo que deduje que, si mi ego se resistía a la oración, con más fuerza debía insistir en ella.

Al cabo de un año, cuando llegó ramadán, decidí leer otra vez el Corán y, sorprendido, me encontré con un libro nuevo, cargado de misteriosos enigmas y significados ocultos que antes no había acertado a ver. Cuando mi maestro vio mi cara de asombro, se acercó a mí y me preguntó qué me pasaba:

—Maestro —dije —, ¡el Corán ha cambiado!

—No, hijo mío —contestó sonriendo—, eres tú quien ha cambiado, y seguirás cambiando y descubriendo nuevos Coranes dentro del Corán y de todas las Escrituras Sagradas de la Humanidad.

–50–
El viejo Manuel

Fui acercándome poco a poco al banco donde estaba sentado el viejo Manuel. Su mirada, como todos los días, se encontraba perdida entre los niños que botaban la pelota y los jubilados que daban de comer a las palomas. Frente a él, sobre una mesa plegable, un tablero de ajedrez con una partida a medio jugar esperaba tal vez el próximo movimiento de un adversario ausente.

—¿Puedo sentarme? —pregunté con respeto.

—Estoy esperando a mi hijo —contestó el anciano—. Estábamos jugando una partida, pero parece que está tardando en volver.

—Yo he venido a buscar a mi padre —expliqué—. Siempre quedamos en este parque para conversar un rato, pero a veces también tarda más de la cuenta en venir. ¿Le importa si ocupo el lugar de su hijo y seguimos con la partida? Seguro que a él no le importará.

Manuel, dubitativo, tardó en contestar.

—No creo que a mi hijo le guste que un extraño ocupe su lugar. Es muy competitivo y siempre tengo que dejarle ganar.

—Tengo una idea —insistí—. Apuntaré todos los movimientos que llevan hasta ahora y, cuando su hijo regrese, volveremos a poner las piezas en el lugar que estaban.

—¡Está bien! —dijo el anciano—. Pero tienes que comprender que a ti no voy a dejarte ganar.

Ambos sonreímos y comenzamos la partida. Manuel hizo un enroque con el rey y la torre. Un movimiento que llevaba haciendo algo más de un año. Yo ataqué revolviendo mi alfil y él rompió mi defensa con su caballo. Después de una hora, mi rey había caído entre dos de sus peones y su reina. Justo en ese momento se acercó un hombre vestido con una bata blanca.

—Don Manuel, ya es hora de regresar a la residencia.

Yo me levanté, me acerqué al anciano y le di un beso en la mejilla.

—Hasta mañana, papá.

El anciano, como si un rayo de luz hubiese cruzado su mente, de repente me miró y me dijo:

—Hasta mañana, hijo mío.

ENSEÑANZAS

A veces la vida es como una partida de ajedrez. Tendremos que seguir jugando, aunque nos resulte demasiado duro. Nadie sabe si, con el tiempo, nos olvidaremos de quiénes somos y no seremos capaces de reconocer a nuestros seres queridos. Nadie sabe los movimientos que nos tendrá deparado el destino. Aun así, yo seguiré acudiendo a ese parque a esperar esa luz que, al menos por unos segundos, nos recuerde quiénes fuimos.

–51–

La protección de la virtud

Hace mucho tiempo el rey de los filisteos quiso conquistar la tierra de Israel. Cada vez que lo intentaba, y por numerosas que fueran sus tropas, siempre salía derrotado, de manera que decidió pedir ayuda a uno de los magos más poderosos de su época. El nigromante, después de pasarse días realizando embrujos y encantamientos, finalmente se dirigió al rey con la cabeza gacha y le confesó que, mientras el pueblo hebreo contara con la protección de Dios, nadie podría hacer nada contra ellos. Por lo tanto, si quería vencerlos, debería encontrar la forma de hacer que se apartaran de Dios. El rey entonces ideó un malvado plan, haciendo que mujeres cortesanas llevasen a los israelitas numerosos barriles de buen vino a modo de ofrenda de paz. Cuando los israelitas se bebieron el vino, con los sentidos embotados abandonaron a sus mujeres para irse con las prostitutas. En ese momento, sabiendo que Dios se había tapado los ojos para no ver lo que hacían sus hijos, el rey de los filisteos aprovechó para conquistar Tierra Santa.

ENSEÑANZAS

Hace algún tiempo me encontré con un antiguo amigo con el que había compartido intensas prácticas espirituales en pos de la sabiduría más antigua. Cuando le vi, noté que algo en él había cambiado. Mientras tomábamos un café me confesó que hacía tiempo que había abandonado toda práctica espiritual y que se había metido en el mundo de las drogas psicodélicas y del alcohol. A consecuencia de esto, su mujer lo había abandonado y su salud, tanto física como mental, pendía de un hilo. Por alguna suerte de hechizo, el pobre muchacho intentaba convencerme de que aquello era lo mejor que le había sucedido, aunque yo no podía explicarme cómo alguien podía pensar que su vida estaba tan vacía como para llenarla de venenos como el alcohol y las drogas.

Con lágrimas en los ojos, tuve que salir corriendo porque no pude soportar ver cómo alguien a quien había considerado mi hermano, se había convertido ahora en un monstruo que además quería arrastrarme a mí con él hacia el infierno. Protegiéndome a mí mismo, protegía además a mi familia y a mis seres queridos del mal que se me presentaba. Aunque, días después, le llamé para invitarle a meditar conmigo, sabiendo que esa era su única salvación, sus demonios no se lo permitieron. No obstante, aún le espero, guardándole un lugar de privilegio en mi mezquita.

–52–
Un dios interior

En cierta ocasión se acercó una mujer a un maestro asegurándole que tenía muchos problemas, por lo que el maestro le aconsejó que rezara todos los días. La mujer torció el gesto y le dijo que, si no creía en Dios, a quién le iba a rezar. Mi maestro, mirándola con compasión, le indicó:

—Cierra los ojos e imagínate a ti misma viviendo en una tierra donde hayas alcanzado un nivel de perfecta realización, estés totalmente iluminada y con todas tus virtudes completamente desarrolladas. Como eres tan rica en bondad, amor, caridad, alegría y sabiduría, imagina ahora que tu pecho se expande y que el alma no te cabe en el cuerpo. Imagínate también que eres completamente feliz y que no posees ninguna de las causas del sufrimiento. Así, con la luz de tu alma saliendo por todos los poros de tu piel, serás capaz de irradiar amor y felicidad a todos los seres que sufren. De la misma manera, como desprendes tanta compasión, querrás ayudar a los demás y no podrás quedarte impasible ante el sufrimiento ajeno. Visualízate con esta forma y con esos atributos y estarás viendo a Dios, porque Dios también es un estado del ser. Y, si eres capaz de imaginarlo, serás capaz de realizarlo. Entonces, arrodíllate delante de ti y pídete ayuda para conducirte hacia ti misma, hacia lo que puedes ser, porque esa que puedes ser también es el Dios que no conoces y al que niegas… y por eso sufres.

«Si te tienes como separado de Dios, entonces también tienes a Dios como separado de ti, por tanto, ¿cómo podrías comprender lo que te es extraño?».

99 Cuentos y Enseñanzas Sufíes

–53–

Cambiar el dharma

Cuentan que había un anciano que siempre se estaba quejando de que le dolía mucho el cuerpo. Aunque había visitado a decenas de médicos y todos le habían aconsejado que hiciera ejercicio, el hombre, movido por la pereza, no se daba por vencido. Así, cierto día, probando suerte, encontró a un facultativo que le recetó numerosos calmantes, relajantes musculares y demás pastillas contra el dolor, pero no le dijo nada de que debía hacer ejercicio. Cuando el anciano salió de la consulta, exclamó:

—Esto es lo que yo estaba buscando. ¡Qué gran médico he encontrado!

ENSEÑANZAS

El tesoro de las enseñanzas espirituales es como una luz que nos alumbrará en el camino de la vida, evitando tener que tropezar con cualquier guijarro que nos pueda herir. Adquirir las enseñanzas que calman la sed hace rico al pobre, mientras que ignorarlas hacen pobre al rico. Una forma de concebir la sabiduría es identificarla con la medicina capaz de sanar todos los engaños. Al ser una medicina sagrada, debemos escucharla y estudiarla sin distracción, sin orgullo, sin maledicencia y sin pretender adaptarla a nuestros gustos y necesidades. Si permanecemos distraídos, seremos como recipientes boca abajo que no son capaces de recoger nada. Si escuchamos con maledicencia, orgullo o buscando la falta del maestro, seremos como recipientes sucios y todo lo que llegue a nosotros se verá empañado por nuestra suciedad. Si estudiamos sin ánimo de practicar seremos como recipientes agujereados. Sabiendo que el *dharma* es la medicina, podremos considerarnos a nosotros mismos como pacientes y al universo como el médico sagrado que trabaja por nuestro bienestar.

Es curioso comprobar el enorme cuidado que ponemos en no contagiarnos de ninguna enfermedad común y lo poco que protegemos nuestra consciencia de la multitud de tendencias dañinas que nos rodean y que nos pueden hacer sufrir más que cualquier bacteria o virus que infecte el cuerpo. Como dice Guese Potowa, si no aprovechamos el momento presente para cultivar en nosotros el *dharma*, «seremos como el paciente que nunca sanará o el viajero que nunca llegará a su destino». Si caemos en el error de empacharnos de enseñanzas sin ponerlas en práctica, nos volveremos arrogantes y, creyéndonos eruditos, seremos como borriquitos que cargan libros sagrados, los miran, los llevan encima, pero no los entienden. No obstante, pretender cambiarlas es un pecado aún peor...

En cierta ocasión vino el jefe de una de las ciudades más poderosas de Arabia a ver a Mahoma y le dijo:

—Profeta, si en lugar de rezar cinco veces al día permites que solamente recemos tres, mi pueblo aceptará el islam en este mismo momento.

Mahoma, negando con la cabeza, respondió:

—Lo siento, amigo, pero el islam es el islam.

Entonces el hombre insistió:

—Profeta, creo que es muy pesado tener que hacer el ayuno en ramadán y dar la limosna establecida, si nos liberas de esa carga y nos rebajas la cuantía, todos los habitantes de mi ciudad y yo mismo nos haremos musulmanes en este mismo instante.

Pero Mahoma, negando con la cabeza, respondió invariablemente:

—Lo siento, amigo, pero el islam es el islam.

El hombre, cabizbajo, se marchó de allí sin decir nada, pero al cabo de unos días, comprendiendo que aquel era

el mejor camino, regresó con todos sus vecinos y aceptaron el islam tal cual es, no como ellos querían que fuera.
«Le dijo la ignorancia a la sabiduría: ¡Ya te has vuelto a equivocar otra vez!».

AFORISMO GRIEGO

–54–
Lo que ofreces

H ace mucho tiempo, en la India, existió una mujer que, habiendo perdido a toda su familia en una terrible catástrofe, arrastrada por el dolor hizo voto de pobreza y decidió vivir bajo un árbol en la orilla del Ganges, asegurando que el río era su gran maestro, pues le había enseñado que, como su caudal, todo en esta vida es pasajero y que, al final, el agua siempre acaba desembocando en el inmenso mar.

Poseyendo solamente una tela con la que cubría su cuerpo y una escudilla de barro, salía a mendigar por la mañana, recorriendo las aldeas cercanas, aceptando solamente el alimento que cabía en su pequeño cuenco y rechazando amablemente monedas o billetes para no contaminarse del mal que el dinero trae consigo. El resto del día lo pasaba recluida en uno de los templos dedicados a Shiva que se repartían por el lugar, rezando, meditando y cantando letanías. No obstante, su pena fue creciendo poco a poco al ver que el resto de personas ponían hermosas ofrendas frente a la estatua del dios, pero ella, por su extrema pobreza, no tenía nada que ofrecer. Así, cierta mañana, decidida, bajó al río y, después de realizar su baño ritual, metió las manos en la tierra buscando la arena más fina. Sorteando los guijarros, excavando hasta encontrar su preciado tesoro y haciendo sangrar sus dedos en esta empresa, llenó el cuenco con los granitos más pequeños, los que relucían como rayos del sol, e imaginando que eran limaduras de oro pulido los depositó frente al altar de su dios. Aquella misma noche, Shiva se le presentó en sueños y derramó sobre ella el cuenco que había dejado a sus pies, otorgándole tantas bendiciones como granitos de arena contenía el recipiente.

De esta historia se extrajo una meditación que es compartida tanto por hindúes como por budistas tibetanos, la hermosa práctica de presentar ofrendas transformadas mentalmente.

ENSEÑANZAS

La adoración pura no consiste en que el ser humano se incline ante los ídolos que ha forjado en su imaginación. Eso no nos reportará ningún beneficio y no se considera verdadera sabiduría.

Aunque ciertas personas se postren ante sus gurús y los veneren, tampoco esto es adoración pura, ya que su objeto de adoración sigue estando muy lejos de ser perfecto pues, desde un hombre, por muy santo que se considere, hasta una mata de hierba, todo lo que vive bajo el cielo es esclavo del cambio y presa del sufrimiento. Nada creado puede ser utilizado como sustituto de la eternidad, ni como intermediario, ni como objeto real de meditación, pues todo está sometido a las eventualidades.

Muchas personas, de todas las confesiones y creencias, encienden velas y hacen ofrendas de luz a Dios. Dios es la luz de toda luz y nosotros somos una esquirla de ese fuego sagrado, por tanto, en lugar de ofrecer algo externo a ti, ofrece tu propia luminosidad como sacrificio grato a los ojos del Señor. Si realmente eres sincero, pon a sus pies la claridad de tu mente, la luz de tus sentimientos, el fulgor de tus actos, el destello de tus palabras, el brillo de tus sentidos, el albor de tu espíritu y el amanecer de tus sueños. Cuando te dirijas al Señor de toda la creación, devuélvele lo que Él te prestó, de esa manera seguirás brillando.

Mientras el presidente de EE. UU. George W. Bush aseguraba que Irán, Siria y Corea del Norte eran el eje del mal, yo caminaba tranquilamente por las calles de Damasco buscando el sepulcro de uno de los maestros más grandes del sufismo, Sheij Ibn al Arabi, de Murcia. Cuando por fin llegué al complejo funerario, vi el hipogeo que guardaba los restos del santo a mano izquierda y la sala de oración de la mezquita enfrente de mí. Justo en ese momento, el almuédano llamó a la oración y yo tuve que decidir: o entraba en el mausoleo o entraba en la sala de oración. Si accedía a la mezquita, cerrarían el mausoleo. Si accedía al mausoleo, perdería la oración. En la segunda postración de la plegaria de la noche, estando mi frente pegada en la alfombra, pude escuchar cómo la puerta del sepulcro se cerraba. Justo un par de minutos antes había decidido que mi mejor maestro sería Dios, que lo elegía a él por encima de todos los hombres y mujeres santos, porque en realidad la santidad es el perfume que deja su presencia en el corazón de los seres humanos. Y, a día de hoy, debo confesar que no me arrepiento de aquella decisión.

–55–
Los disfraces del diablo

En cierta ocasión un novicio que se dirigía al templo para hacer la oración prescrita se encontró con la aparición de un ser de luz que, con los brazos extendidos, le dijo:

—Ven conmigo, quiero enseñarte algo.

Sin embargo, el hombre, sabiendo que podía llegar tarde a la oración, le respondió:

—Lo siento, señor, pero tengo que ir al templo. Si me espera, cuando regrese, le acompañaré donde usted me diga.

Dicho esto, el novicio siguió su camino y, cuando terminó de rezar, volvió al lugar donde había visto al ser de luz, pero ya no estaba. Muy preocupado por si había cometido una falta, fue a ver a su maestro y le contó lo sucedido. A lo que su maestro le contestó:

—Si esa criatura hubiera sido un ángel, te habría acompañado a la oración, pero lo que se te apareció intentaba separarte de Dios, por tanto, no te preocupes, hijo mío, porque has hecho muy bien. No todo el que parece un ángel en realidad lo es, ni todos los demonios tienen cuernos y rabo.

ENSEÑANZAS

El enemigo no te estaría acechando ni atacando si no tuvieras algo de mucho valor en tu interior. Los ladrones nunca intentan robar en casas vacías.

Cuentan que, en cierta ocasión, el demonio, disfrazado de ángel, se presentó a san Francisco con la intención de tentarle, asegurándole que le traía un mensaje de Dios. Pero Francisco, al oír sus palabras, le contestó:

—¿Estás seguro? ¡Piénsatelo mejor! Porque yo no soy digno de recibir mensajes del Señor.

Al oír esto, el demonio, vencido, tuvo que dejarlo en paz.

–56–
La motivación correcta

Hace mucho tiempo vivió un famoso monje en la cima de una escarpada montaña con un grupo de sus discípulos. Aunque otros muchos intentaban subir a verle, la dificultad del camino hacía que cambiaran de opinión. En cierta ocasión, un joven consiguió superar los peligros del sendero y entró en el templo donde el monje estaba impartiendo sus lecciones. Cuando terminó, el muchacho se acercó, se postró ante él y le dijo:

—Maestro, he arriesgado mi vida subiendo aquí con la única intención de que me enseñe a viajar en el astral.

El monje, muy enfadado, se levantó de su cojín y lo despidió dándole un portazo. Cuando cerró la puerta, se lamentó diciendo:

—¡Ay! Tanto esfuerzo arriesgando la vida y, cuando llega hasta aquí, me confunde con un prestidigitador. Si me hubiera pedido que le revelara las técnicas para alcanzar «el Despertar», se las habría mostrado sin dudarlo. Sin embargo, solo quería seguir durmiendo.

ENSEÑANZAS

La primera motivación correcta para aprender a meditar es alcanzar la felicidad. Todos queremos un cambio, pero nadie está dispuesto a cambiar. Con todo, a través de la meditación podemos comprender que ese cambio debe darse desde el interior. De esa manera recuperaremos la libertad y la independencia. Si limpiamos todo lo de fuera, pero dejamos lo de dentro sin barrer, no habremos hecho nada de nada.

La segunda motivación correcta para aprender a meditar es poder ayudar a los demás. En Occidente pensamos que, acudiendo a la psicología moderna, el terapeuta podrá ayudarnos a superar los problemas de la vida. En cambio, en Oriente piensan que solo quien ha superado los problemas de la vida podrá ayudar efectivamente a otros, ya que solo quien se ha dedicado a disciplinar su mente podrá ayudar a encauzar la mente de los demás.

Por último, la tercera motivación, la más elevada, es conocer a Dios. Llegados a este punto, el espíritu del yogui se halla tan sediento de Dios que siente hartazón y hastío por los placeres del mundo. La satisfacción que encuentra en la compañía de la divinidad es tan intensa, que orienta toda su vida a alcanzar esa última meta, a disfrutar de la plenitud de ese último placer[2].

---

2   Más información en mi libro: *Viaje a la India para aprender meditación*. Editorial Almuzara.

El mundo encima

Hace algunos años, de madrugada, me sonó el móvil. Temiendo que alguien de mi familia se hubiese puesto enfermo, di un salto de la cama y miré a ver quién llamaba. Sorprendido, reconocí el nombre de uno de mis primeros alumnos de meditación. Suponiendo que se había pasado la noche de juerga y que ahora no tenía a nadie con quien hablar, bloqueé su número y regresé a la cama muy enfadado. ¡Cómo se atrevía a molestarme a esas horas! Al cabo de un mes, la directora del centro donde colaboraba me llamó para decirme que mi alumno se había arrojado a las vías del tren, quitándose voluntariamente la vida. ¡En ese momento se me vino el mundo encima! El muchacho no me había llamado porque estuviera ebrio, sino porque estaba triste y tenía verdaderos problemas… pero yo le di la espalda. Con mi intransigencia había defraudado no solo a mi alumno, sino también a todos mis maestros. Si hubiese sido un verdadero guía espiritual, podría haberle prestado más atención, podría haberle dado más confianza, podría haberle escuchado cuando necesitó hablar. Sin embargo, no lo hice, y eso me perseguirá el resto de mi vida.

Como no fui consciente de sus necesidades, seguí con mis asuntos sin prestarle atención a quien realmente debió ocupar parte de mis pensamientos. Y es que a veces no somos conscientes de lo que las personas necesitan de nosotros. No hemos comprendido que una sonrisa amable, un momento para conversar, un abrazo a tiempo pueden salvar vidas. Creemos que no tenemos ninguna responsabilidad en lo que hacemos o dejamos de hacer a nuestros semejantes. Pensamos que ser egoístas y groseros está de moda, y que menospreciar a los demás nos hará ser mejores y más modernos, pero eso no es así. Cuando Dios le preguntó a Caín dónde estaba su hermano, él le contestó:

—Yo no soy el guardián de mi hermano.

Si yo hubiera comprendido a tiempo que sí soy el guardián de mis hermanos y hermanas, quizás hoy uno de ellos seguiría con vida.

No hemos acabado de entender que somos seres humanos y que nuestra piel no es de hierro, que es solo piel. Y que todos, por muchos años que vayamos cumpliendo, seguimos siendo niños en nuestros corazones; niños que necesitan saber que, en este viaje que es la vida, no estamos solos. Como me encontraba tan mal, puse lo que me había pasado en una de las páginas de Facebook que administro, e inmediatamente una chica me recomendó que usara su mantra para sanar mis emociones. Una letanía que consistía en recitar media hora al día, durante cuarenta días seguidos, cuatro frases: «Lo siento. Perdóname. Gracias. Te quiero».

Intrigado, le pregunté a quién se dirigían esas palabras, aunque supuse que sería al alma de mi alumno por haberle fallado. La mujer me dijo que a los cuarenta días lo comprendería todo. Pasó el tiempo y comencé a repetir el mantra por la mañana y por la tarde. Solo el día número cuarenta descubrí el secreto que guardaban aquellas palabras y pude comprender que no solo se las estaba diciendo a mi alumno, sino que, en realidad, desde algún lugar más allá de la vida, mi alumno también me las estaba diciendo a mí, a Dios, y a toda la creación.

ENSEÑANZAS

Para que no te pase lo que a mi alumno, seas quien seas, te pido que cuando te sientas triste, me pidas un abrazo. Que cuando la vida se ponga cuesta arriba, cuentes conmigo para echarte una mano. Y que, si estás pensando que vivir no merece la pena, leas este cuento y pidas ayuda. El mundo es un paraíso y tú eres una flor. Si tú faltases, la tierra no sería tan bella. Por favor, nunca olvides que, después de la tormenta, siempre sale el sol y, sobre todo, que nunca llueve eternamente.

«¿Cuántas veces, en infinitas vidas, nos habremos encontrado y dicho adiós? ¿Cuántas veces habremos caminado de la mano y cuántas otras nos habremos cruzado sin recordarnos? Ahora estamos aquí, en este pequeño planeta azul, y me pregunto si te reconoceré cuando pases. Aunque cada uno siga su camino, sé que no estamos solos. Que miles de almas nos preceden y otras nos siguen detrás. Que cientos de experiencias nos quedan por vivir si dejamos de lamentarnos y decidimos empezar a vivir nuestra vida. Pero para eso necesitamos transitar por este mundo con las manos vacías de odio y llenas de bondad. Te espero en el fin de los tiempos, sentado, contando las horas para volver a encontrarnos, silbando aquella vieja canción que compusimos juntos para que, cuando la oigas, me reconozcas y nos volvamos a abrazar. Te espero en el final de los cielos y deseo que tu viaje sea largo, lleno de aventuras y sueños… y que vivas despierto. No te preocupes por mí. Aquí se dobla el tiempo y el espacio. Cuando vengas, habrá mucho que contar. Si miras hacia abajo, se divisan todos los mundos. Si miras hacia arriba, puedes ver a los ángeles subir y bajar. En este lugar está la piedra del peregrino, desde aquí reconozco nuestro verdadero hogar. Te espero sentado en el borde del mundo, tenemos una cita. ¡No te vayas a olvidar!».

33 SECRETOS INFALIBLES PARA ATRAER LA FELICIDAD Y LA PAZ

–58–
Los pies descalzos

Mientras aprendía taichí solía levantarme al amanecer para practicar junto a mi maestro. Antes de comenzar, él nos obligaba a calentar caminando descalzos diez o quince minutos por los alrededores del templo. Sin embargo, en cierta ocasión, un chico americano quiso acompañarnos y cuando vio lo que hacíamos, se quejó diciendo que aquello no era calentar, y que, de esa manera, los pies sufrirían la fricción de la piedra y se lesionarían. A lo que mi maestro contestó: «Yo no pretendo que calientes el cuerpo, sino que subas la temperatura de tu corazón. Para eso debes caminar descalzo, porque así podrás conectarte con la tierra, con la naturaleza, con el sitio donde estás y con el espíritu de todas las personas que, antes que nosotros, practicaron en este lugar. Quizás así comiences realmente a sentir nuestro arte».

Pero el chico, que no quiso comprender nada, a los pocos días abandonó nuestro templo.

ENSEÑANZAS

Cuando el ser humano busca reconciliarse con su alma, con la naturaleza y con todo lo que le rodea, puede ir al desierto para vaciarse; puede acudir a los bosques para llenarse; puede subir una montaña para acercarse al cielo; o puede sumergirse en el mar para sentir que todo está en movimiento. Esta es la antigua medicina que los médicos de hoy no conocen y, por tanto, no nos la pueden recetar. Sin embargo, los maestros espirituales aconsejan que, si tu alma está vacía de ruidos, si vives con calma y serenidad, no hace falta que vayas al desierto, sino a un lugar en medio de la naturaleza para poder llenarte de vida. Pero si, por el contrario, tu mente está demasiado llena, debes ir al desierto para vaciarte. Así recuperarás tu paz. Si necesitas ver con claridad, no te sumerjas en el mar. Mejor sube a una alta montaña y contempla todas las maravillas que te rodean. Pero si te sientes aislado, no subas a ninguna montaña, mejor métete en el mar, que lo conecta todo y siempre está en movimiento. De la misma manera, si necesitas buscar a Dios, no vayas a ningún templo, ni a una mezquita, ni a una iglesia, ni a una sinagoga. Si donde lo has perdido ha sido en tu corazón, búscalo de nuevo allí.

Dios ha puesto la naturaleza, el desierto, el mar y las montañas para que puedas encontrar el equilibrio en tu corazón y reconectarte. Para que sientas que tú eres parte de todo y que todo es parte de ti. Para que comprendas que tú eres parte del cielo, del mar, de la tierra y de los bosques. Y que los bosques, la tierra, el cielo y el mar son parte de ti.

–59–

Oh, mi karma

Estaba un maestro espiritual dando una conferencia cuando un joven se le acercó y le dijo:

—Si usted fuera realmente un santo, no vestiría ropas tan elegantes, ni estaría tan gordo, ni tendría un coche tan moderno. Más bien se dedicaría a hacer ayunos y a mantenerse en reclusión.

El maestro, mirando al joven, sonrió enigmáticamente y contestó:

—Oh, mi karma, si sabes cómo tiene que ser un maestro espiritual, ¿por qué no te dedicas tú mismo a seguir tus propios consejos y te conviertes en uno?

El muchacho se quedó pensado y, aunque no comprendió por qué el anciano le había llamado «mi karma», decidió aceptar el reto y hacer exactamente lo que el sabio le había dicho. Con el tiempo, el joven adquirió fama de ser un gran sabio y la gente empezó a pedirle que diera charlas. Pasados los años, mientras estaba dando una conferencia, un muchacho que le estaba escuchando le increpó:

—Si usted fuera realmente un santo, no vestiría ropas tan elegantes, ni estaría tan gordo, ni tendría un coche tan moderno. Se dedicaría más bien a hacer ayunos y a mantenerse en reclusión.

El maestro, mirando al joven, sonrió enigmáticamente y por fin lo comprendió todo...

En la India creen que todo lo bueno y malo que nos sucede es debido a la sagrada ley de causa y efecto, también llamada karma, por lo que Dios realmente no tiene responsabilidad sobre nuestro destino, sino que somos nosotros, mediante nuestros actos, los que forjamos nuestro devenir.

Ellos piensan que el universo nos devuelve todo lo que le arrojemos, ya sea bueno o malo, por tanto, la devoción no consiste en pedirle a Dios que desate los nudos que nosotros hemos ido atando, sino más bien en rogarle que nos dé sabiduría suficiente para no seguir amarrándonos a la soga del sufrimiento. Por esta ley, quien hace sufrir experimentará sufrimiento, pues solamente a través de la propia experiencia el ser humano será capaz de modificar su comportamiento. De esa manera, el cazador se reencarnará en presa, el asesino en víctima y el torero en toro.

Según el hinduismo, si alguien desea felicidad para sí mismo, deberá esforzarse intensamente en hacer felices a los demás. Nuestro yo de hoy es la consecuencia de nuestro karma pasado. De la misma manera que lo que seremos mañana vendrá condicionado por el karma que estamos forjando actualmente. El joven del cuento, cuando el maestro lo llama «mi karma», no comprendió que era el resultado del pasado del maestro, quien, de la misma manera, también se había dirigido a un erudito en su juventud para increparlo.

–60–
El interés

Cuentan que hace algún tiempo una niña entró llorando en la escuela. La maestra, al darse cuenta, le preguntó qué le pasaba.

—Es María —dijo la pequeña entre sollozos—, no deja de meterse conmigo y de reírse de mí. Dice que tengo el pelo sucio, que estoy muy gorda y que mi ropa es muy vieja.

La maestra, sorprendida, le increpó.

—¿María? No me lo puedo creer. Pero si ayer parecíais muy amigas. Precisamente vi cómo te echaba el brazo por encima del hombro antes de entrar a clase y te decía que eras muy guapa. ¿Qué ha cambiado?

A lo que la niña respondió.

—Que ayer necesitaba algo de mí y hoy no.

E N S E Ñ A N Z A S

Este cuento está ocurriendo todos los días y a todas horas. Las personas con enfermedades en el corazón suelen mostrarse muy amigables y bondadosas a la hora de pedirnos algo. Pero cuando ya no les hacemos falta, todo cambia y sus peores demonios salen a la luz para atacarnos. Los maliciosos suelen poner una extraña sonrisa que proviene de lo más profundo de su infierno personal antes de acercarse con la intención de engañarnos o de burlarse de nosotros cuando ya no les hacemos falta. Es tan fuerte el poder de esa macabra sonrisa, que les resulta imposible disimularla. De hecho, si caperucita se hubiese percatado antes de la sonrisa del lobo, quizás habría salido mejor parada del cuento. Al haberse ganado previamente nuestra confianza con sus disfraces de querubines, nos pillan con la guardia baja y es en ese momento cuando revelan su auténtico rostro. No obstante, cuando vuelvan a necesitarnos, volverán a ponerse su disfraz angelical... pero entonces estaremos preparados.

–61–
El Ruh

Cuenta la leyenda que al principio de la creación, Allah ordenó al Ruh, el espíritu unido de todos los seres humanos de todos los tiempos y de todos los lugares, que entrase en ese caparazón de carne que después resultaría ser Adán, el primer hombre. El Ruh, como un cachorrillo, se acercó al cuerpo inanimado de Adán y comenzó a observarlo con preocupación. ¿Cómo iba a caber una criatura como él, que medía más que todos los océanos de la Tierra, en un cuerpo tan pequeño? ¿Cómo un ser creado de barro podría contener a quien es espíritu? El Ruh entonces se dirigió al cielo y se presentó ante Allah.

—Señor —dijo con extrema delicadeza—, sé que tú lo haces todo con sabiduría y gracia, pero no acabo de comprender cómo esa envoltura de arcilla podría contenerme y temo hacerme daño y hacerle daño a esa criatura si trato de entrar por la fuerza en ella.

Allah, apiadándose del espíritu de la humanidad, explicó:

—Cuando creé a Adán, hice un lugar infinito en su interior, su corazón, donde grabé dos de mis más bellos nombres, Al Wadud, que significa amor, y Al Fattah, que significa "el que da apertura". Por el sagrado secreto de mis nombres, cuanto más amor sea capaz de dar, más grande hará su corazón; y cuanto más grande haga su corazón, más amor tendrá para dar. Con el fin de que Adán comprenda este sagrado misterio, le daré esposa, hijos y nietos… e incluso yo mismo me revelaré a él. Así que vete tranquilo y entra en la humanidad hasta que yo te reclame de nuevo al final de los días. Pero, si alguna vez te encuentras incómodo y ves que el corazón de los hijos de Adán se está estrechando, recítales al oído estos dos de mis nombres para que recuerden quiénes son y dónde deben buscarme.

Al oír las palabras de Dios, el Ruh, emocionado, entró en el corazón de Adán. Más tarde se partió en dos y entró también en el de su esposa Eva. Y así fue atomizándose hasta repartirse en todos y cada uno de nosotros, velando para que el odio no nos invada y nuestro corazón no se haga tan pequeño como para no poder contenerlo.

ENSEÑANZAS

Deseando resolver quién era Dios, el islam le atribuirá noventa y nueve características humanas para que los creyentes se hagan una idea de a quién deben dirigirse durante la oración. Con todo, la mística islámica advierte que aquellos que se dediquen a recitar estos nombres con fe y devoción podrán revestirse a sí mismos con esos atributos sagrados, acercándolos aún más a esa divinidad que desea ser conocida. Para más información consultar mi anterior libro *99 Cuentos y enseñanzas sufíes*, ediciones Almuzara.

«Yo estoy donde mi siervo me piensa y allí donde él me recuerda. Y no se han reunido unas personas en alguna de las casas de Allah para recitar y estudiar el libro de Allah sin que Dios haga descender la tranquilidad en sus corazones, los cubra de misericordia y los rodeen los ángeles.»

HADITH QUDSI

1. Dios. *Allah.*
2. El Misericordioso.
   Ar- Rahman
3. El Compasivo. *Ar- Rahim.*
4. El Soberano. *Al-Malik.*
5. El más Santo.
   Al-Quddus.
6. El Dador de Paz. *As-Salam.*
7. El Guardián de la Fe.
   Al-Mumin.
8. El Protector. *Al-Muhaymin.*
9. El Poderoso. *Al-Aziz.*
10. El Todopoderoso.
    Al-Yabbar.
11. El Glorioso.
    Al-Mutakabbir.
12. El Creador. *Al-Jaliq.*
13. El Productor. *Al-Bari.*
14. El Diseñador de Formas.
    Al-Musawwir.
15. El Perdonador. *Al-Ghaffar.*
16. El que controla todas las cosas. *Al-Qahhar.*
17. El dador de todas las cosas. *Al-Wahhab.*
18. El Sustentador. *Al-Razzaq.*
19. El que concede apertura.
    Al-Fattah.
20. El Omnisciente. *Al-Alim.*
21. El limitador del sustento.
    Al-Qabid.
22. El que expande el sustento. *Al-Basit.*
23. El que rebaja y humilla.
    Al-Jafid.
24. El que eleva o exalta.
    Al-Rafi.

25. El que honra. *Al-Mu`izz.*
26. El que somete. *Al-Muzill.*
27. El que todo lo oye.
    Al-Sami.
28. El que todo lo ve. *Al-Basir.*
29. El Juez. *Al-Hakam.*
30. El Justo. *Al-Adl.*
31. El conocedor de los más íntimos secretos. *Al -Latif.*
32. El bien informado.
    Al-Jabir.
33. El Dulce. *Al-Halim.*
34. El Infinito. *Al-Aziz.*
35. El que todo lo perdona.
    Al-Gafur.
36. El más agradecido.
    As-Sakur.
37. El más digno. *Al-Ali.*
38. El grande. *Al-Kabir.*
39. El protector. *Al-Hafiz.*
40. El dador de fuerza.
    Al-Muqit.
41. El que es autosuficiente y auto-subsistente. *Al-Hasib.*
42. El Majestuoso. *Al-Yalil.*
43. El Noble Generoso.
    Al-Karim.
44. El que responde.
    Al-Muyib.
45. El Indulgente. *Al-Wasi.*
46. El Guardián. *Al-Raqib.*
47. El Sabio. *Al-Hakim.*
48. El Amoroso. *Al-Wadud.*
49. El Muy Glorioso.
    Al-Mayid.
50. El resucitador. *Al-Ba`ith.*

51. El testigo omnipresente. *Al-Sahid.*

52. La Verdad. *Al-Haqq.*

53. El Cuidador. *Al-Wakil.*

54. El Fuerte. *Al-Qawi.*

55. El Invencible. *Al-Matin.*

56. El Amigo. *Al-Walí.*

57. El más digno de alabanza. *Al-Hamid.*

58. El que lleva las cuentas. *Al-Muhsi.*

59. El Originador. *Al-Mubdi.*

60. El Regenerador. *Al-Mu´id.*

61. El Vivificador. *Al-Muhyi.*

62. El que da la muerte. *Al-Mumit.*

63. El dador de vida. *Al-Hayy.*

64. El Inmutable. *Al-Qayyum.*

65. El Perfecto. *Al-Wayid.*

66. El Único. *Al-Wahid.*

67. El Majestuoso. *Al-Mayid.*

68. El Benefactor. *Al-Ahad.*

69. El sostén universal. *Al-Samad.*

70. El que todo lo puede. *Al-Qadir.*

71. El Poderoso. *Al-Muqtadir.*

72. El que adelanta. *Al-Muqaddim.*

73. El que hace retroceder. *Al-Muajjir.*

74. El Primero. *Al-Awwal.*

75. El Último. *Al-Ajir.*

76. El evidentemente manifiesto. *Al-Zahir.*

77. El Oculto. *Al-Batin.*

78. El que dirige. *Al-Wâli.*

79. El que está por encima de los atributos de la creación. *Al-Mutaali.*

80. El Bueno. *Al-Barr.*

81. El que acepta el arrepentimiento. *Al-Tawwab.*

82. El que Impone el justo castigo. *Al-Muntaqim.*

83. El Indulgente. *Al-Afúw.*

84. El Bondadoso. *Al-Rauf.*

85. El poseedor del reino. *Maliku l-Mulk.*

86. El Majestuoso Benevolente. *Ya Du l-Yalal wa-l-Ikram.*

87. El Equitativo. *Al-Muqsit.*

88. El que Une. *Al-Yami.*

89. El Autosuficiente. *Al-Ganiy.*

90. El da suficiencia. *Al-Mugni.*

91. El que Imposibilita o dificulta. *Al-Mani.*

92. El que causar pérdida. *Ad-Dar.*

93. El que concede bendiciones. *An Nafi.*

94. La Luz. *An-Nur.*

95. El Guía. *Al-Hadi.*

96. El Incomparable. *Al-Badi.*

97. El Duradero. *Al-Baqi.*

98. El Dueño de Todo. *Al-Warith.*

99. El infalible maestro. *Al-Rashid.*

–62–

El tonto insistente

Mientras dos arquitectos estaban dando forma a un edificio, un hombre se acercó y empezó a criticar su trabajo, asegurando que los especialistas no sabían lo que hacían. Y, como hubo algunos que le prestaron atención, fue gritando cada vez más hasta que las autoridades acabaron por echarlo de allí. Algo más adelante unos médicos estaban afanados intentando salvarle la vida a un moribundo cuando el mismo hombre se acercó y empezó a criticar su trabajo, asegurando que los especialistas no sabían lo que hacían. Y, como hubo algunos que le prestaron atención, fue gritando cada vez más hasta que las autoridades volvieron a tomar cartas en el asunto.

Algunos metros más adelante, un maestro estaba explicando la lección a sus alumnos cuando el mismo hombre se acercó y empezó a criticar su trabajo, asegurando que no sabía lo que hacía. Y, como hubo algunos que le prestaron atención, fue levantando la voz cada vez más y más. Entre tanto, un forastero que había presenciado todo lo que había pasado se acercó al entrometido y le dijo:

—He visto que usted sabe de arquitectura y que debe ser un gran médico y además un fabuloso pedagogo, ¿podría decirme dónde ha estudiado y en qué trabaja?

Entonces el hombre, visiblemente ofendido, espetó:

—Yo no he estudiado en ningún sitio ni tampoco tengo trabajo porque el sistema está en contra de los librepensadores como yo. Así que por las tardes, cuando termino de comer, me echo en mi sillón y al levantarme de la siesta, como no tengo nada que hacer, me pongo a criticar a los demás para ver si así despiertan y empiezan a hacer bien su trabajo.

ENSEÑANZAS

Los metomentodo se mueven por toda una serie de sentimientos oscuros que oscilan entre la envidia, la insatisfacción personal, el egocentrismo, el rencor y la malevolencia. Quienes hablan mal de los demás no están diciendo nada de los otros, sino de ellos mismos. Muchas personas, sin haber estudiado medicina, se creen con derecho a opinar sobre las vacunas. Otros, sin haber estudiado magisterio, critican con vehemencia al maestro o maestra de sus hijos porque les manda muchos deberes... No obstante, su opinión no vale de nada, puesto que lo único que manifiestan es ignorancia. Desafortunadamente, la ignorancia nunca ataca sola, siempre viene acompañada de un séquito de ilustrados de su mismo calibre.

–63–

Los zapatos mágicos

Cuando alguien quería ser un derviche de nuestra cofradía, se le mandaba a la cocina para templar su ego. De esa manera, si por alguna razón su comportamiento no era el adecuado, se le ponían los zapatos en la puerta, lo que quería decir que todavía no estaba listo para convertirse en uno de nosotros. Sin embargo, en cierta ocasión, los zapatos de uno de los novicios volvieron a entrar solos dentro de la sala. Aunque por la noche el encargado los sacaba al exterior, por la mañana aparecían otra vez en el zapatero.

Suponiendo que era el muchacho quien los entraba de nuevo, uno de los ancianos se quedó vigilando toda la noche y al amanecer fue a comprobar qué había pasado, descubriendo que los zapatos habían regresado otra vez a su lugar sin que nadie los moviera. Sobresaltado, se resignó y acabó pensando que todo aquello formaba parte del Decreto Divino, por lo que se dedicó en cuerpo y alma a educar al joven díscolo hasta que consiguió encauzarlo.

Al cabo de un tiempo el muchacho fue digno de merecer nuestro nombre y solo entonces el maestro decidió contarle lo que había sucedido con sus zapatos. Aseguran los más antiguos del lugar que, mientras el joven oía la historia, sus ojos no paraban de llorar, hasta que no pudo más y tuvo que esconder la cabeza entre sus manos. Aunque muchos intentaron consolarle, todos los esfuerzos resultaron en vano. Cuando por fin consiguió reponerse, confesó:

—Esos zapatos eran de mi padre. Él me los regaló antes de morir. Su mayor ilusión era que yo llegara a ser algún día un gran derviche, por eso ingresé aquí. Aunque al principio no me sentía atraído por la vida espiritual, poco a poco el sabor del amor por el Amigo fue calando cada vez más en mi corazón hasta que me enamoré por completo. Sin embargo, estoy seguro de que, si me hubieran expulsado, jamás habría tenido fuerzas para intentar volver a entrar. Mi padre siempre creyó en mí, incluso ahora lo sigue haciendo desde la tumba, y estoy seguro de que, por su gran amor, Dios quiso obrar este milagro conmigo y por eso no dejó que mis zapatos se quedasen fuera.

Desde aquel día, los zapatos de ese hombre se guardan en nuestra *dergah*, donde todavía hoy se pueden ver, siendo una prueba irrefutable de que el amor verdadero, ese que todo lo da, es capaz de superar cualquier frontera.

–64–
¿Qué buscas realmente?

Cuentan que hace mucho tiempo un hombre caminaba por las orillas del Ganges quejándose de que llevaba más de cuarenta años buscando la verdad sin encontrarla. Cierto día, la verdad se le apareció y le dijo que si quería ir con ella debería abandonar su propia verdad en el camino. Pero el hombre, muerto de miedo, se negó en redondo, por lo que la verdad tuvo que marcharse por donde había venido. No obstante, al día siguiente, el hombre volvió a descender el curso del río quejándose de que no conseguía encontrar la verdad por mucho que la buscara.

ENSEÑANZAS

Cuando empecé a meditar me encontré con un chico que aseguraba que quería ser un gran yogui. Durante las charlas del maestro, únicamente se fijaba en las chicas que solían acudir a nuestro *ashram*. Tiempo después, cuando ya no pudo sostener más su impostura, me confesó que durante muchos años había mantenido una tormentosa relación con una muchacha muy materialista y que ahora estaba buscando a alguien espiritual con quien poder formar una familia. Como era de esperar, mi amigo no aprendió nada de nada y pronto abandonó nuestra compañía. Ya que realmente no buscaba la verdad, no pudo reconocerla cuando pasó por su lado y a buen seguro todavía andará de *ashram* en *ashram* asegurando que quiere convertirse en un gran meditador mientras no les quita ojo a las muchachas de su alrededor.

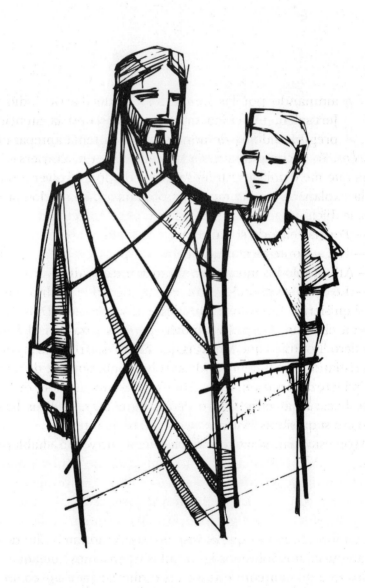

–65–
El respeto

Caminando por las inmediaciones del barrio judío de Jerusalén, un chico ortodoxo me llamó la atención, preguntándome de dónde venía y si tenía antepasados hebreos. Yo le contesté que sí y comenzamos una conversación en la que me confesó su intenso deseo de poder volver a rezar en la explanada de las mezquitas. Entonces, mirándole a los ojos, le dije:

—¡Podrías hacerlo si quisieras!

—¡No! —contestó el muchacho.

—Ahora solo los musulmanes pueden rezar allí.

—¡Lo sé! —expliqué—. Por eso te digo que podrías rezar allí si quisieras. Tan solo tendrías que postrarte ante Dios como ordena el islam. Después también podrías rezar en el Santo Sepulcro. Lo único que tendrías que hacer es arrodillarte como un cristiano. Y finalmente podrías volver aquí, ponerte de nuevo la kipá y rezar según la fe de Abraham, balanceándote de adelante hacia atrás en el Muro de los Lamentos. Podrías hacer todo eso si quisieras. Así que, ¿por qué no lo intentas?

Al oír esto, el muchacho se dio la vuelta y no volvió a hablarme más.

ENSEÑANZAS

Cuando olvidamos que el respeto es el grado más alto de sabiduría, nos volvemos ignorantes y pensamos que aquellos que no son como nosotros, o que no piensan como nosotros, son nuestros enemigos. Al rechazar todo aquello que nos es ajeno, convertimos a nuestros hermanos en contrarios y a nuestros aliados en rivales. Durante miles de años, hombres y mujeres nos hemos dejado seducir por la ignorancia, materializando monstruos que únicamente vivían en nuestra imaginación. Empero, cuando la razón florece, descubrimos que esos monstruos éramos nosotros mismos. Una cruz para los judíos, una alfombra para los cristianos y un *talit* para los musulmanes. Quizás esa sea la fórmula para conseguir la paz en Tierra Santa.

–66–

La vanidad del necio

No hace mucho tiempo una célebre mujer me invitó a cenar en su casa con algunas otras personas del mundo de la espiritualidad. Durante la cena alguien empezó a recitar viejos poemas cargados de misticismo movido por el espíritu del amor divino. Yo, que también recordaba el libro donde había leído los mismos poemas, me atreví a interrumpir al narrador, corrigiéndole incluso cuando lo creía oportuno. Solo después de despedirnos del resto de los comensales, mi anfitriona me preguntó:

—No sabes quién es la persona con la que estabas discutiendo, ¿verdad?

—No —contesté sin mayor preocupación.

—Era el autor de los poemas y del libro que tanto te gusta y que tú no parabas de citar.

Estupefacto, dejé caer mi ego, me percaté de mi propia ignorancia y del ridículo que había hecho. Como un niño maleducado pensé que podía hacerme pasar por un erudito y lo único que hice fue poner en evidencia mi falta de humildad. Desde entonces guardo silencio y escucho a los que tienen algo que enseñarme. Y, cuando mi ego se queja, lo golpeo en el hocico como a un zorrillo maleducado que se quiere colar en casa para destrozar mi vida y volver a ponerme en ridículo delante de los demás.

ENSEÑANZAS

Caminaban un padre y un hijo por la vereda del camino cuando, de repente, el hombre preguntó:

—Además del canto de las alondras y del sonido de las chicharras, ¿oyes algo?

—¡Sí! —contestó el pequeño—. Oigo una carreta que se va aproximando.

—¡Muy bien! —exclamó el padre—. Dentro de unos momentos nos cruzaremos con una carreta vacía.

—¿Vacía? —preguntó el niño—. ¿Y cómo sabes que está vacía si todavía no la hemos visto?

—¡Muy fácil! Por el ruido. Cuanto más vacía está la carreta, mayor es el ruido que hace.

De la misma manera que la carreta, las personas que están vacías son las que más ruido hacen.

–67–
Sentir a Dios

Hace mucho tiempo caminaba un joven estudiante de rabinismo junto a su maestro cuando vieron a una pobre mujer llorando de pasión arrodillada frente a una de las imágenes paganas que abundaban en la ciudad. Al ver su fervor, el maestro se paró junto a ella, la bendijo y después siguió su camino. Al cabo de un rato, el estudiante, seriamente perturbado, le preguntó al rabino:

—Señor, ¿por qué ha bendecido a esa mujer infiel en lugar de intentar convertirla a la religión verdadera?

A lo que el maestro contestó:

—Porque una fe que te hace sentir así es mejor que cualquier religión impuesta que no te haga sentir nada.

ENSEÑANZAS

La Biblia asegura que la *menorah* —el candelabro que Dios ordenó construir a Moisés para los actos de adoración— estaba hecho de un solo bloque de metal sin soldar ni atornillar. Tenía siete brazos en los que se debían prender las luces que iluminarían el tabernáculo. Este relato encierra un simbolismo tremendo. Por una parte, el de la unicidad de Dios que se ha dividido en siete, el número que representa el infinito.

Antiguamente, cuando la Torá era devuelta al Arca de la Alianza, el pueblo judío salmodiaba la siguiente oración: «Regresa tranquilamente, oh Yahvé, a los hijos e hijas de Israel. Ven a nosotros para que nosotros podamos regresar a Ti». En esta plegaria encontramos un mapa místico por el cual el ser humano descubre dos movimientos: uno es el viaje hacia Dios y otro el regreso de Dios a nosotros.

Sin el primer paso, el segundo no será posible, puesto que, aunque en realidad Dios siempre ha estado más cerca de nosotros que nuestra vena yugular, el ser humano se ha empeñado en caminar contra su luz. Por tanto, para volver a ver el sol será necesario darnos la vuelta y ponernos de cara a la luz.

La segunda enseñanza es que, aunque la meta sea una, los caminos hacia ella pueden ser infinitos. Hay quien dice que cada ser que nace trae consigo un camino distinto de regreso a la Eternidad. Por lo que, aunque Dios es uno, los caminos hacia Él son siete; es decir, infinitos.

-68-

El maestro que se ata los zapatos

U n antiguo cuento narra la historia de alguien que llegó a una ciudad donde vivía un gran erudito. El hombre, que buscaba un maestro espiritual que pudiera guiarlo, preguntó por la vivienda del santo. Pero como únicamente le dijeron el templo donde solía rezar, siguió insistiendo. Entonces la gente, extrañada, le preguntó por qué quería saber el domicilio del maestro. A lo que el peregrino contestó: «No quiero ver cómo reza. Cuando reza, sabe que todos le estáis mirando y actúa en consecuencia. Quiero ver cómo se ata los zapatos».

ENSEÑANZAS

El maestro espiritual destaca tanto en sus quehaceres diarios como en su práctica espiritual. Alguien que ha alcanzado la Iluminación no distingue sus actos entre puros e impuros, mundanos y espirituales. Cuando el profeta Muhammad llegó a Medina, sus vecinos comenzaron a construirle una vivienda al lado de la mezquita. Sin embargo, y a pesar de las quejas de sus mejores amigos, Mahoma era siempre el primero en amontonar las piedras y en elaborar la argamasa. Como también era el primero en acudir a la oración.

«Hace muchos años vivió un noble rey en la India llamado Janaka. Movido por su gran inquietud espiritual, convocó un gran debate entre los sabios de la región para obtener una respuesta definitiva a cómo alcanzar el modo de vida correcto y conjugar la terrible cadena de ataduras físicas con la vida espiritual. Mientras los eruditos debatían, un niño deforme hizo su aparición en la asamblea y, alcanzando al rey, que ya estaba montándose en su caballo para marcharse, le preguntó:

—Majestad, ¿dónde está usted en este momento?

El rey le miró sorprendido y respondió:

—Estoy montándome en mi caballo.

Pero el joven replicó:

—Señor, no le he preguntado qué está haciendo, sino dónde está.

—Bueno —siguió el monarca—, estoy con un pie en el estribo del caballo y con otro en la tierra.

El joven, que era en realidad el gran maestro Ashtavakra, lo iluminó diciendo:

—Pues esa es la respuesta que buscaba a cómo vivir libre en un mundo lleno de ataduras. Hemos de estar sin estar. Mientras que tengamos los pies en la tierra, la mente, el corazón y el espíritu deben estar en el cielo».

Ashtavakra Gita

–69–

Ocho años tarde

Mi maestro, siendo todavía muy niño, fue puesto al servicio de un gran erudito en Damasco para adiestrarse en el arte de la meditación, de los secretos que encierran los noventa y nueve nombres más bellos de Dios y del conocimiento de las energías sutiles. Pero su madre, de carácter rígido externamente pero dulce y tierna en la intimidad, temió que fuese aún demasiado joven para entender esta disciplina del alma, ya que solamente tenía ocho años, por lo que el erudito le increpó:

—¡Ya me lo traes ocho años tarde!

ENSEÑANZAS

En Occidente hemos confundido la educación de nuestros hijos con el empacho de conocimientos inútiles al que los sometemos desde muy pequeños. Cuando por las mañanas veo las caras tristes y resignadas de decenas de jóvenes cargando pesadas mochilas en sus pequeñas espaldas para gastar su inocencia en el tedioso afán de resignarse a que los mayores controlen sus mentes, siento pena en el alma. ¡Hemos querido pervertir hasta lo más puro e inocente!

Enseñamos a nuestros hijos hazañas del pasado, pero no les ayudamos a vivir el presente. Los educamos intelectualmente dejando a sus mentes navegar por el materialismo de la sociedad actual. Les inculcamos dogmas y tradiciones sin preguntarnos dónde está la verdad y, por tanto, sin enseñarles a ellos a buscarla por sus propios medios. De esa manera, cuando llegan los fines de semana, podemos verlos en los parques de cada ciudad deseando romper todas esas ataduras que les hemos impuesto a través de la ingesta de alcohol u otras sustancias para volver a sentirse libres. A causa de nuestra ignorancia, hemos arrastrado a nuestros hijos a la frustración y a la pérdida del control de sus vidas. En lugar de educarlos, pretendemos alienarlos.

–70–
La atención plena

Hace mucho tiempo un hombre, deseando aprender los secretos de la meditación, subió a la pequeña montaña donde se ubicaba un templo hinduista y llamó a la puerta. Cuando un asceta abrió, el hombre le dijo:

—Señor, he venido a ver al maestro para pedirle que me enseñe a meditar.

El asceta, mirándolo fijamente, le advirtió:

—¡Has venido al sitio correcto! No obstante, el abad es un gran erudito y no acepta a ningún discípulo sin que primero haya pasado una serie de pruebas.

El forastero, asintiendo con la cabeza, preguntó:

—¿Qué clase de pruebas?

Empujado por su interés, el asceta lo condujo a una gran sala repleta de numerosas estatuas de Shiva, Kali y demás deidades.

—Debes venir aquí todos los días, sentarte en un cojín y tratar de memorizar hasta el más mínimo detalle de cada una de estas figuras, porque cuando el abad te llame, te preguntará alguna cosa sobre ellas y, si no sabes la respuesta, te echará de aquí a patadas.

A partir de ese momento el hombre frecuentó el templo y se pasaba dos o tres horas al día encerrado en aquella habitación observándolo todo. Si su mente se distraía, volvía a traerla una y otra vez hasta que, al cabo de un mes, el asceta le dijo:

—El maestro ha cambiado de opinión y ahora quiere que te lleve a otro lugar.

Entonces lo condujo a una gran sala totalmente vacía.

—Ahora deberás prestar atención a todas las sensaciones que pasen por tu cuerpo, a todos los pensamientos que pasen por tu mente, a cada respiración e incluso a cada latido de tu corazón. Tendrás que reconocerlos pero sin quedarte enganchado a ellos, porque el maestro te preguntará alguna cosa, y, si no la sabes, te echará de aquí a patadas.

De esa manera, el hombre se pasaba allí días enteros observando todo lo que sucedía en el interior de su cuerpo. Si su mente se distraía, la volvía a traer una y otra vez hasta que, sin darse cuenta, encontró una gran paz. Al cabo de un mes se encontró de nuevo con el asceta y le preguntó:

—Hermano, ¿cuándo podré ver al maestro?

Pero el ermitaño, mirándolo con compasión, le dijo:

—¿Qué maestro? Aquí nunca hubo otro maestro que tu propia atención, y ella te ha enseñado a meditar a través de estas dos salas. La primera te ayudó a hacer el viaje hacia afuera, hacia la atención consciente. Y la segunda te ayudó a realizar el viaje hacia dentro, hacia la atención sintiente. Ahora que ya sabes meditar, sigue buscándote a ti mismo hasta que te veas pasar. Y, cuando esto suceda, síguete y no te vuelvas a perder, pues serás tú mismo quien te conduzcas hasta el auténtico maestro que reside en ti.

ENSEÑANZAS

Si el alma está preparada, la meditación te llama, te embelesa, te hechiza y te enamora, pues comprendes que ese vacío inmaculado que guardas en tu interior está lleno de vida, de paz, de mucho amor y que, además, guarda tesoros por descubrir.

En la verdadera meditación, las dos esencias se van acercando. La esencia externa de la realidad y la esencia interna de nuestra divinidad. Cuando esto sucede, emergerá una fuerza que proviene de la Gran Luz y que a veces nos empuja a girar, llorar, cantar o hacer poesía; pero también se puede manifestar mediante el balanceo del cuerpo, como hacen nuestros hermanos judíos, que se mueven adelante y atrás como juncos arrullados por la corriente del Amor Divino. Solo después llegarán la calma y el silencio, donde el meditador podrá contemplar los secretos de la extinción de su alma.

«El alma, la mente y el cuerpo no son tres existencias separadas, sino una sola esencia en tres modalidades de manifestación. Quien ve el cuerpo, no ve la mente. Quien ve la mente, no ve el alma. Y quien ve el alma, prescinde de la mente y el cuerpo. Quien solo ve el movimiento, no ve la absoluta quietud, y quien ve la absoluta quietud, no tiene noción del movimiento. Cuando se confunde una cuerda enroscada con una serpiente, se ve la serpiente pero no la cuerda. No obstante, en cuanto se desvanece la ilusión, se ve la cuerda y no la serpiente. Por lo tanto, no hay más que una sola existencia que todo lo abarca, aunque nos aparezca múltiple. A esta única existencia, única realidad y única sustancia en la India la llamamos *Brahmán*, en Occidente se la llama Dios, en terminología filosófica lo Absoluto, y los Upanishads la llaman Aquello».

SWAMI VIVEKANANDA

–71–
Los milagros cotidianos

I ban caminando un maestro y su alumno por un sendero
cuando se cruzaron con un mercader que viajaba en la
misma dirección. Como el erudito tenía fama de hacer
muchos milagros, el mercader le pidió que realizase algún pro-
digio para él. A pesar de su reticencia, como el hombre no hacía
más que insistir, finalmente el anciano señaló el cielo y dijo:

—Esta mañana volvió a salir el sol. ¡Ahí tienes tu milagro!

El mercader, extrañado, replicó:

—¡Eso no es un milagro! Yo quiero ver cómo resucitas a un
muerto, cómo sanas a un leproso o cómo conviertes el agua en
vino.

El maestro meneó la cabeza y dijo:

—Está bien, te mostraré otro milagro. En esa casa que tenemos enfrente acaba de nacer un niño. Es el primer hijo varón
de la familia y todos están muy contentos. Ve a comprobarlo si
no me crees.

Pero el mercader volvió a quejarse:

—¡Eso tampoco es un milagro! Todos los días nacen niños
en la ciudad, ¿qué tiene de particular uno más? Yo quiero ver
cómo multiplicas los panes y los peces.

El anciano siguió caminando y señaló un campo lleno de
trigo.

—Hace algunos meses, ese terreno estaba yermo, ahora sin
embargo está cargado de trigo. ¡Ahí tienes otro milagro!

El mercader, furioso, gritó:

—¡Como todos los años! —Y, refunfuñando, aceleró el paso
y se alejó de los dos peregrinos, acusando al anciano de no ser

más que un estafador. Cuando el mercader estaba muy lejos, el maestro vio un pequeño conejito herido al lado de la vereda, así que se acercó a él, lo cogió, sopló en sus heridas y quedaron sanadas. El discípulo, sorprendido, le preguntó:

—Señor, ¿por qué no hizo eso delante del mercader?

A lo que el maestro respondió:

—Porque quien no ha aprendido a ver los grandes milagros de la vida, no será capaz de apreciar los pequeños prodigios que Dios me permite hacer. Hombres como ese no buscan la verdad, sino espectáculo, y Dios no es un titiritero.

ENSEÑANZAS

Como acabamos de comprobar, hay milagros cotidianos que, por el mero hecho de poder verlos todos los días, han perdido todo su encanto. Sin embargo, no por eso dejan de ser prodigios fabulosos. El amor, de entre todos los portentos, es el más sublime. Este es un secreto que únicamente podrán comprender quienes han sido tocados por el don del amor.

Por amor el ser humano es capaz de olvidarse de sí mismo para beneficiar a otra persona. Contaba mi querido Facundo Cabral que una señora inglesa fue a Calcuta a ver a la Madre Teresa de parte de Lady Di. Cuando las Hermanas de la Caridad la llevaron al lugar donde se encontraba, la mujer vio cómo la Madre Teresa estaba bañando a un leproso. La cara de agradecimiento del leproso era semejante a la de un niño pequeño que siempre había vivido en la calle, pero que de pronto alguien lo recogía, lo bañaba, lo miraba dulcemente y le cantaba una canción. Cuando la señora llegó a la altura de la Madre Teresa, le dijo:

—Yo no bañaría a un leproso ni por un millón de dólares.

A lo que Teresa le contestó:

—Yo tampoco lo haría por un millón de dólares, porque a un leproso solo se le puede bañar por amor.

Una madre sufre dolores de parto para traer a su hijo al mundo… y no le importa porque lo ama. Se levanta mil veces de la cama para cambiarle el pañal y para darle de comer… y no le importa porque siente amor. El padre, por otro lado, antepone las necesidades de sus hijos a su propio cansancio… y no le importa, porque el amor que siente le reconforta más que el descanso. Las madres y los padres no sacan ningún beneficio personal por cuidar de sus bebés, lo hacen por amor y, a mi juicio, ese es el mayor de los milagros.

–72–
La ciudad cruel

Cuentan que había una vez un ancianito muy bondadoso que, sin embargo, vivía en una ciudad muy cruel. La gente que la habitaba era egoísta, vanidosa y desconsiderada, por lo que la virtud era extraña y mal vista. Aun así, el hombre, siempre que se cruzaba con alguien, le sonreía amablemente y le deseaba «buenos días», recibiendo a su vez gestos de menosprecio, burlas y malas palabras. En cierta ocasión, un extranjero que fue testigo de esto se acercó y le preguntó:

—Señor, ¿no le molesta que la gente responda a su bondad con maldad?

A lo que el anciano contestó:

—Hijo mío, yo no estoy aquí para recibir bondad, sino para ofrecerla.

Y, guiñándole un ojo, siguió su camino sin dejar de saludar y sonreír a todos aquellos con los que se cruzaba.

ENSEÑANZAS

Devolviéndoles a las personas el mal que nos hacen, es decir, haciendo lo que ellas hacen, nos convertiremos en ellas. Por tanto, ¿qué diferencia puede haber entre un buscador espiritual y una persona mundana? Al final, el mal nos habrá ganado la partida, llevándonos a su terreno en lugar de traérnoslo nosotros al nuestro.

Hace mucho tiempo llegó el mulá Nasrudín a una ciudad muy apartada y desconocida, por lo que decidió ponerse a predicar en la plaza mayor. Aunque cada vez levantaba más la voz, nadie le hacía caso, por lo que pensó que aquella debía ser «la ciudad de los sordos». Cambiando de estrategia, decidió hacer una especie de pantomima con el cuerpo, creando un llamativo lenguaje visual. Sin embargo, tampoco nadie le prestaba atención, por lo que pensó que además aquella debía ser «la ciudad de los ciegos». Por último, se dijo Nasrudín, tendré que ir abrazándolos uno a uno para mostrarles la verdad. Pero, cuando lo intentó, la gente se zafaba de él y le llamaba loco. Entonces Nasrudín comprendió que había entrado en la ciudad de «no me importa nada ni nadie excepto yo».

−73−
El esfuerzo vacuo

Cuentan que, hace algunos años, cuatro jóvenes sintieron el deseo de salir a navegar por el río. Sin embargo, por una serie de infortunios, se les echó el tiempo encima y se hizo de noche. Pero como era tan intenso su deseo, no dudaron, incluso con la oscuridad, en meterse en el bote y comenzar a remar. Así se pasaron horas y horas remando y remando, suponiendo que estaban recorriendo grandes distancias. Sin embargo, cuando salió el sol descubrieron que no se habían movido del sitio porque se les había olvidado soltar la cuerda que los amarraba al embarcadero.

De la misma manera, la fe ciega y los rituales no hacen sino gastar nuestras fuerzas, pero no nos conducen a ninguna parte. Solamente la sabiduría será capaz de soltar la cuerda que nos tiene amarrados a la ignorancia para poder navegar por el río de la vida.

ENSEÑANZAS

En cierta ocasión le preguntaron a un famoso lama qué prefería, aprender la sabiduría de todos los Budas o alcanzar la realización de una sola de esas enseñanzas, a lo que el lama contestó: «Llevo decenas de vidas enseñando la sabiduría de todos los Budas, pero sigo viéndome atrapado por el ciclo de las existencias. Tal vez, si comprendiera totalmente una sola de esas enseñanzas, quizás pudiera liberarme del sufrimiento y ayudar eficazmente a los demás. Por tanto, debemos comprender que de nada le vale al hombre repetir mil veces al día el nombre de Dios si, cuando Dios llama a nuestra puerta, no le dejamos entrar».

–74–
Cámbiate a ti mismo

C uando empecé a dar clases de taichí a menudo intentaba no frustrarme con algunos alumnos que, por más que trataba de hacerles comprender la disciplina y fluidez de este arte, parecían tener la mollera tan dura como una piedra y los miembros tan rígidos como el tronco de un árbol. Día a día, viendo que no conseguía cambiar aquella situación, contacté con mi maestro y le expuse el problema, a lo que él me contestó: «No esperes cambiar a la gente haciendo lo que haces. Esfuérzate por cambiarte a ti mismo y deja a tus alumnos elegir si quieren cambiar o no. Cada quien es libre de escoger cómo subir a la montaña de su vida. Y en esa libertad está también el derecho de caer mil veces para aprender a levantarse. Cuando aceptas a los seres tal cual son, estás transitando el camino de la paz y de la sabiduría».

ENSEÑANZAS

Los deseos ansiosos que se topan con la realidad crean frustración, haciéndonos sufrir y sacándonos de nuestra paz. Por tanto, aunque pueda parecer una paradoja, el sabio desea no desear, y en ese anhelo guarda toda su prudencia para aceptar las cosas tal cual son, haciendo, sin embargo, el trabajo que la virtud le ha encomendado.

«Crear, pero sin apropiarse de lo creado. Actuar, pero sin esperar nada a cambio. Hacer crecer, pero sin dirigir ni controlar. ¡He aquí una virtud rara, maravillosa y perfecta!».

TAO TE CHING.

–75–
La falsa piedad

Estando en La Meca me gustaba subir a la terraza de la *Kaaba* para rezar la última oración teniendo enfrente de mí la imagen de los numerosos peregrinos dando vueltas alrededor del edificio sagrado. Contemplar aquella estampa era una oración en sí misma. Los musulmanes piensan que ese lugar es un reflejo del Trono de Dios en el Cielo, donde los ángeles no paran de dar vueltas alrededor de Allah mientras cantan sus más bellos Nombres. Una noche, mientras escuchábamos la recitación del Corán, el chico que tenía justo a mi lado comenzó a llorar con tanta pasión que sentí vergüenza de mí mismo por no poder abrigar yo también aquellos sentimientos. Cuantas más lágrimas derramaba él, peor me sentía yo, hasta el punto de que llegué a pensar que no era digno de estar compartiendo aquel espacio con una persona tan devota.

Cuando terminó la oración, el joven secó sus lágrimas y descendimos juntos hasta la planta baja para seguir con nuestras vidas. En ese momento vi que en el *hall* le esperaban sus tres mujeres, ataviadas con ropajes negros de la cabeza a los pies y cubiertas con pañuelos que complementaban con el *niqab* —un trozo de tela que cubre el rostro, dejando únicamente los ojos al descubierto—. El chico les hizo un gesto con la cara y las tres le siguieron, caminando a cuatro pasos detrás de él como si fueran sus esclavas. Y tengo que reconocer que aquello me dejó desconcertado. ¿Cómo alguien que había mostrado tener tanta fe en la terraza de la *Kaaba* se comportaba ahora así con otros seres humanos? Desde luego, el Dios que yo conocía no era el mismo al que él rezaba. Aunque la tradición se lo consintiese, yo no podía comprender cómo no se le removían las entrañas ante tamaña barbaridad. Por mucho que haya imames que aseguren que el islam aprueba la poligamia y que la mujer debe ir tapada hasta las cejas, mi conciencia no me permite pensar de esa manera. Fue entonces cuando comprendí que muchos religiosos nunca han pretendido hablar de Dios, sino tan solo regular el comportamiento humano de acuerdo a una escala de valores culturales en los que ellos siempre salen claramente beneficiados. Y que para saber lo que está bien y lo que está mal no hay que consultar ninguna religión, sino solamente mirar en nuestro interior y ponernos en el lugar de los otros.

ENSEÑANZAS

El Dios verdadero, lo correcto y lo incorrecto, no se encuentra en ningún libro sagrado, está en nuestro corazón. Por tanto, quien realmente desee conocer el secreto de su alma deberá convertirse en un caminante interior y buscar dentro de su ser la verdadera *Kaaba* y la auténtica Jerusalén. Si no encuentras a Dios en ti mismo, tampoco serás capaz de percibirlo en los demás.

Muchas personas se acercan a una religión para saber cómo deben vivir, o a un partido político para que les digan cómo tienen que pensar, pero muy pocos se atreven a buscar las respuestas por sí mismos y en sí mismos. Con todo, tengo una terrible noticia para ellos, ¡nadie sabe nada! Todos creemos saber, pero en realidad solo nos basamos en conjeturas. Y lo más curioso es que por esas conjeturas somos capaces de dar y de quitar la vida. Romper nuestra realidad a veces es lo único que hace falta para alcanzar la realidad. El problema es que, si esa realidad no se ajusta a lo que nosotros pensamos, no querremos saber nada de ella.

Como dijo el Maestro, la mejor vara de medir es: «No hagas a tus semejantes lo que no quieres que te hagan a ti».

La gente que cuchichea

Paseaba un hombre por el parque cuando de repente se encontró con una olla de oro. Sin saber qué hacer, finalmente decidió cogerla y regresar a su casa. Por el camino vio a un anciano que pedía limosna y, sin pensárselo dos veces, compartió el tesoro con él. Sin embargo, cuando la gente supo la historia, empezó a decir que el hombre quería limpiar su conciencia por haberse quedado con algo que no le pertenecía.

Al día siguiente hubo un accidente de coche y un extraño se acercó y sacó a uno de los conductores de su vehículo en llamas. Pero como no se quedó a recibir los agradecimientos, mucha gente comenzó a decir que seguramente tuviera algo que ver en el accidente.

Por otra parte, una mujer, viendo que una perrita había dado a luz a una camada de seis cachorritos y que pasaban frío en la calle, los cogió y se los llevó a su casa. No obstante, cuando la gente se enteró, comenzó a decir que la mujer estaba loca y que habría que encerrarla en un psiquiátrico.

Como vemos en esta historia, la gente malvada trata de justificar los actos de buena voluntad intentando contagiarnos con su propio mal. Esto es debido a que no comprenden que alguien pueda ser bueno porque sí... y esa es su enfermedad, no la nuestra.

ENSEÑANZAS

Muchos son los eruditos que nos advierten que, antes de hablar, debemos aplicar la regla del triple filtro. El primero es si estamos seguros de que lo que vamos a decir es cierto. El segundo es si lo que vamos a decir es algo bueno. Y el tercero es si nuestro testimonio resultará útil. Por tanto, si no sabemos si lo que vamos a decir es cierto, ni si es bueno, ni si resultará útil, ¿para qué hablar? Alguien piadoso no tiene que convencernos de lo bueno que es, ya que sus acciones hablarán por sí mismas. Solo personas con pronunciadas carencias intentarán convencernos de que son lo que no son, menoscabando si pueden el prestigio de los demás. Como asegura el dicho popular: «Dime de qué presumes y te diré de qué careces».

−77−
Dios es amor

S e presentó un hombre en nuestra *zawiyya* y le preguntó a mi maestro:
—Señor, ustedes llaman a Dios Allah, los cristianos Jehová, los judíos Yahvé, los Sijs Wahegurú. Cada religión se dirige a Dios con nombres distintos, pero ¿cuál de todos es el correcto?

Mi maestro se quedó pensando y finalmente contestó:
—Cada uno de esos nombres te llevará al siguiente, y todos te llevarán al amor. Por tanto, si llamas a Dios por alguno de ellos, y le amas de todo corazón, serás de los que alcancen el conocimiento de la unicidad y ya no verás nunca más la diferencia.

ENSEÑANZAS

Dios es amor, por lo tanto, rezar es amar. Cuando acaricio a un cachorrillo estoy rezando, cuando beso a mi esposa estoy rezando, cuando ayudo a un amigo estoy rezando, cuando sostengo a mi hijo en brazos y lo protejo de cualquier peligro estoy rezando. Todo lo que hago con amor se convierte en una oración, mientras que el rezo que no nace del amor no puede llamarse oración. Rabbí Hillel dijo: «Ama a Dios y ama a tu prójimo… Todo lo demás son notas a pie de página».

Muchas personas piensan que rezar es parlotear y parlotear. ¡Qué aburrido! Rezar es mostrar exteriormente un sentimiento tan intenso que no puedes dejarlo encerrado en el corazón. Dios es ese sentimiento y ser conscientes de ello nos convierte en entes divinos.

El deseo más íntimo de los seres humanos es que nos amen por encima de todas las cosas y más que a cualquiera. Pero el secreto que se esconde detrás de ese deseo nuestro es que en realidad es un reflejo del anhelo de Dios, que también ansía que lo amemos más que a cualquier cosa, por eso toma el cuerpo de un cachorrillo, de nuestra pareja, de nuestros amigos y de nuestros familiares.

Todo lo creado contiene necesariamente las mismas características que su creador, por lo que si miramos en nuestro interior descubriremos que lo único que siempre nos ha movido, aquello que es superior a todo lo demás, es el amor. Por eso sabemos que Dios desea fervientemente ser amado, porque también nosotros buscamos vehementemente ese tipo de cariño.

Rechazar el mal

Hace mucho tiempo un hombre con una enfermedad en el alma se acercó a un templo y pidió permiso al maestro para quedarse allí un tiempo. No obstante, el abad, adivinando lo que el hombre tramaba, lo echó sin miramientos. Ante esto, muchos le criticaron por su poca paciencia, pero él contestó:

—No consiento que, por uno solo, muchos puedan caer en el extravío. ¡Sois unos hipócritas! Podéis ver el mal que he hecho con él, pero no sois capaces de intuir el bien que he procurado a los demás. Una sola manzana puede contaminar todo un canasto. La sabiduría no solo consiste en reconocer al diablo, sino en rechazarlo incluso antes de que se acerque.

ENSEÑANZAS

Aunque resulte duro, debemos comprender que nadie puede cambiar a quien no quiere cambiarse a sí mismo. Y que, aunque la compasión debe ser común para todos, también debemos aprender a respetar el destino de los otros, pues cada cual tiene su propia evolución y forjará su sendero según vaya caminando.

El maestro espiritual debe ser justo y equilibrar bien la balanza, pues si hay alguien que siempre se esfuerza en dar, pero el otro no muestra ningún interés en recibir, no debemos perder el tiempo. Para que la balanza quede nivelada, los dos esfuerzos deben ser constantes y equiparables.

La libertad de vivir nuestra vida acorde a las decisiones que tomamos forma parte de las leyes del cielo y de la tierra, algo en lo que nadie puede inmiscuirse. Al igual que en la vida mundana, en el mundo espiritual hace falta esfuerzo y tesón para alcanzar la excelencia. Este no es lugar para ladrones que pretenden robar los méritos de los demás ni para perezosos, que no son capaces de aplicar el esfuerzo necesario en lo que hacen. Mi maestro solía decir que un marinero despistado podría hundir su propio barco y ahogar a la tripulación... Y llevaba razón. No debemos confundir compasión con justicia.

El cocodrilo desagradecido

Antes de llegar a la ciudad santa, un maestro se encontró con una escena un tanto extraña. Un cervatillo estaba discutiendo acaloradamente con un cocodrilo que quería devorarlo. Deseando saber más acerca de tan extraña situación, el erudito se acercó a los litigantes para preguntarles cuál era el motivo de su disputa. El cervatillo, contento de tener a alguien que escuchase su versión, comenzó a explicarle que, momentos antes, había oído los lamentos del cocodrilo, que se encontraba enredado en una liana y no podía moverse. Con lágrimas en los ojos, la bestia rogaba que alguien la sacase de aquel aprieto, pues llevaba más de dos semanas sin comer, ni bañarse, ni poder ver a su familia.

El cervatillo, lleno de compasión, decidió liberar al cocodrilo de todos sus amarres, por lo que fue desenredando poco a poco la liana de su cuerpo. Viéndose de nuevo en plena forma, la fiera se abalanzó sobre él para comérselo, por lo que el animalito empezó a echarle en cara su desvergüenza, ya que gracias a él había podido salvar la vida. Si la enredadera hubiera seguido en su boca, no le habría dejado comer, de tal manera que tarde o temprano habría muerto de inanición.

El maestro, haciendo como que no comprendía bien la situación, pidió a ambos contendientes que recreasen de nuevo la escena para poder hacerse así una mejor idea. El cervatillo entonces empezó a atar al cocodrilo, el cual le indicaba dónde tenía que ir tal o cual extremo del bejuco, e incluso dónde debía apretar la liana un poco más fuerte. Cuando estuvieron de nuevo en el punto inicial, el maestro le pidió al cocodrilo que tratara de zafarse. En ese momento, la bestia comenzó a retorcerse, pero, por más que se arqueaba, se doblaba y se estiraba, no conseguía ni siquiera abrir la boca.

El sabio miró entonces al cervatillo y le dijo: «Ahora tienes una nueva oportunidad para decidir cómo puedes ayudar a una bestia sin poner tu vida en peligro».

Luego miró también al cocodrilo, que no dejaba de retorcerse y de llorar, y le dijo: «Ahora tienes una nueva oportunidad para aprender a ser agradecido y a dominar tus bajos instintos, ya que, si devuelves mal por bien, cuando te encuentres en peligro, nadie querrá ayudarte».

ENSEÑANZAS

Antes de ayudar a un cuervo asegúrate de, que cuando esté libre, no te sacará los ojos.

–80–
El cuento de Sofía

H ace algunos años, cuando estuve ingresado en un hospital, me contaron la historia de una niña de ocho años llamada Sofía. A su hermano, de cinco añitos, le habían diagnosticado una insuficiencia renal y le quedaban pocos meses de vida. La niña, cuando supo la noticia, se recorrió todo el hospital preguntando dónde estaba Dios, ya que tenía que pedirle que sanase a su hermano. Al llegar a la capilla se encontró con un sacerdote, un rabino y un imán que solían atender allí a los moribundos de cada religión. Los tres le explicaron que para hablar con Dios únicamente tienes que buscar un lugar silencioso y expresarle en voz baja todo lo que tienes en tu corazón.

La pequeña hizo como le habían indicado pero, a causa de la tristeza, se mareó y se cayó al suelo. Con los ojos entreabiertos, pudo distinguir una figura vestida de blanco que la cogió en volandas y se la llevó consigo. Balbuceando, la niña preguntó:

—¿Eres tú Dios?

La figura sonrió y le dijo:

—¿Qué quieres de mí?

Sin poder abrir los ojos del todo, Sofía le explicó que su hermanito se estaba muriendo y que necesitaba un milagro para poder salvarle la vida. La silueta, entonces, meneó la cabeza y repuso:

—Yo solo no puedo hacer lo que me has pedido, pero juntos podemos intentarlo.

Sofía no acabó de comprender.

—Verás, hija, tú tienes algo que puede salvar de tu hermanito. Si me lo das, yo lo pondré en él y ambos podréis vivir durante muchos años.

La pequeña aceptó e inmediatamente cayó dormida. Al despertar, estaba tumbada en la cama con su hermano al lado, recuperándose ambos de un trasplante de riñón.

Sofía se incorporó, miró a sus padres y les explicó que había estado hablando con Dios y que le había pedido que salvase a su hermanito. Pensando que tan solo eran delirios de la anestesia, los padres no le hicieron demasiado caso. Sin embargo, en ese momento, Sofía volvió a escuchar la voz de Dios a lo lejos y giró el rostro hacia la puerta. En medio del sacerdote, del rabino y del imán se encontraba un hombre vestido con una bata blanca.

—Ese es el doctor Teo —le dijo su madre—. Es quien os ha hecho el trasplante y quien le ha salvado la vida a tu hermano.

Sofía se echó en la cama sonriendo y pensó:

—¡Qué curioso! A veces Dios tiene que disfrazarse de ser humano para pasar desapercibido entre nosotros...

ENSEÑANZAS

Muchas personas piensan que ciencia y religión son excluyentes una de otra, cuando en realidad son las dos piernas con las que los seres humanos vamos caminando por este viaje que es la vida.

Esta mañana le cedí a Dios mi asiento en el metro. El pobre llevaba bastón y parecía estar muy cansado. Después llegué a casa de mi madre y le di a Dios un masaje en los hombros para calmarle el dolor de una contractura que llevaba tiempo sufriendo. Más tarde fui a ver a mi hermana y estuve todo el rato protegiendo a Dios para que no se cayera, porque con tres años le ha dado por subirse a todos los sillones de la casa y tirarse al suelo mientras intenta articular palabras ininteligibles con su lengua de trapo. Cuando por fin llegué a mi hogar, preparé la comida para Dios, que vendría cansada del trabajo. Me pasé toda la tarde hablando con ella, porque Dios también necesita desahogarse de vez en cuando. Ya por la noche, arropé a Dios y él me besó. Más tarde soñé que Dios me soñaba y me decía: «Tú también eres Yo».

–81–
La oración que Dios reza al ser humano

Querido hijo, te pido perdón por todas las veces que piensas que tengo que perdonarte. Querida hija, te pido perdón por todas las veces que alguien en mi nombre te ha dicho que eras menos importante para mí que tu hermano. Y os pido perdón a los dos por todos aquellos que, haciéndose pasar por mensajeros míos, os han dicho cómo teníais que vivir, cómo teníais que pensar y os impusieron reglas para excluir y repudiar a los que no vivieran o pensaran como vosotros.

Quizás me equivoqué creyendo que la vida del ser humano sería sencilla. Quizás me equivoqué creyendo que os sería fácil dominar vuestros bajos instintos y poner a raya vuestros malos pensamientos. Os pido perdón, porque solo soy un humilde Dios. Muchos os peleáis entre vosotros diciendo que creéis en mí, pero realmente fui yo quien creyó en vosotros, porque para crear, primero hay que creer, y yo creí que podríais ser felices… y lo sigo creyendo. Os hice semejantes a estrellas fugaces para que formaseis parte de mi sueño, pero no pensé que durante vuestro trayecto olvidaríais vuestra luz. Y que, con vuestra luz, también olvidaríais lo verdaderamente importante… que es que sois parte los unos de los otros, y que todos formáis parte de mí.

Por eso os ruego que os procuréis el pan de cada día sin tener que robárselo a nadie, ni tampoco haciendo cosas que os avergüencen. Velad por vuestros semejantes y liberadme de la pesadísima carga de echarme la culpa de todos vuestros errores. Os suplico que no escuchéis a aquellos que pretenden hablar en mi nombre, enfrentándoos entre vosotros diciendo que únicamente estoy en tal o cual religión, o en tal o cual libro sagrado.

Yo habito en vuestro corazón y os miro desde vuestro interior. Cuidad de vuestra tierra, que es la herencia que dejaréis a vuestros hijos, y yo me ocuparé del cielo para que juntos, algún día, podamos hacer que el cielo sea también un lugar en la tierra. Y libradme del mal, porque librándome a mí, vosotros mismos estaréis a salvo de caer en el miedo, en la envidia o el rencor. Y por los siglos de los siglos, amen… Así, sin tilde, porque es del verbo amar.

–82–
Los remordimientos

A rribaron a Medina comerciantes que acamparon en las inmediaciones de la ciudad. Al saber de su presencia, salió Umar Ibn Al-Jattab, el segundo califa del islam, y Abdul Rahman Ibn Auf a recibirlos. Al llegar muy tarde, observaron a sus integrantes dormidos, por lo que escogieron un lugar para descansar. Dijo Umar:

—Pasaremos el resto de la noche en este lugar, velando por nuestros invitados.

Al escuchar el llanto de un niño, Umar se dirigió a ver de dónde venía, temiendo que el ruido despertara a sus huéspedes. Al descubrir a una madre con un niño en brazos, le dijo:

—Teme a Dios y amamanta a tu hijo.

Regresó a su lugar, pero nuevamente el pequeño comenzó a llorar. Retornó por tanto Umar adonde la madre y volvió a decirle:

—Te indiqué que temieras a Dios y amamantases a tu hijo.

Una vez más retornó a su sitio y, sin ni siquiera acomodarse, el llanto del pequeño volvió a estremecerlo. Se dirigió Umar de nuevo hacia la madre y le dijo:

—¡Ay de ti! No veo sino una pésima madre. ¿Qué tiene tu hijo?

Ella, sin saber que hablaba con el califa, dijo:

—Siervo de Dios, me has ofendido. Yo trato de destetar a mi hijo, pero él se niega.

Umar preguntó:

—¿Y por qué lo destetas?

Ella contestó:

—El califa subvenciona a los niños pobres que han sido destetados.

Umar respondió:

—¿Y cuál es su edad?

Ella dijo:

—Solo tiene algunos meses.

—¡No lo hagas! —clamó el califa.

Relató Abdul Rahman Ibn Auf que Umar dirigió la oración de la mañana no pudiendo, quienes oraban detrás de él, entender lo que recitaba debido a su llanto. Al culminar el rezo les dijo:

—¡Qué desgracia la mía! Cuántos niños habrán muerto por mi culpa.

Inmediatamente después ordenó que se informase a todo el mundo de que nadie debía destetar a ningún niño, anunciando que a partir de ese momento la subvención sería para todos los hijos de sus súbditos.

ENSEÑANZAS

El arrepentimiento es uno de los sentimientos más importantes del ser humano, aquel que nos empuja a hacer autocrítica para intentar ser mejores personas. Empero, para que el arrepentimiento sea completo, deben darse algunas condiciones: tiene que ser sincero, debe confesarse la falta, pedir perdón, hacer propósito de enmienda y resarcir a quien haya sido perjudicado. Únicamente cumpliendo estos cinco preceptos, el contrito podrá ser perdonado.

—83—
Justicia poética

Dicen que hace mucho tiempo, un hombre, dirigiéndose a la iglesia, se cruzó con el borrachín de su pueblo y, viendo que casi no se sostenía en pie, le propinó una gran patada y lo tiró al suelo. Algo más adelante también se cruzó con un loquito que hablaba solo y, empujándole con violencia, lo apartó de su camino. Cuando llegó a la iglesia, fijándose en el mendigo que pedía limosna, le escupió a la cara, entró en el templo y dijo:

—Dios mío, gracias porque yo no soy un rufián como todos los que me he encontrado ahí fuera.

Pero quiso Dios que, de un día para otro, el hombre perdiera toda su fama, fortuna y posición. Entonces, viéndose sin nada, cayó en una depresión y se dio a la bebida. Así, cuando la gente lo veía borracho, le golpeaba y se burlaban de él, por lo que finalmente perdió la cabeza y comenzó a hablar solo por las calles. Al cabo de un tiempo, con la razón trastornada, se le podía ver pidiendo limosna en la puerta de la iglesia, teniendo que soportar los escupitajos de la gente.

ENSEÑANZAS

Muchos seres humanos se han convertido en depredadores para sus semejantes, pues solo piensan en sí mismos y sacan algún tipo de satisfacción tratando mal a sus convecinos. No se dan cuenta de que, detrás de cada quien, hay una historia, a veces demasiado triste como para poder soportarla sin caer en las redes de la tristeza. En la India hay un dicho: «Como la gente te trate es su karma. Como tú respondas es el tuyo».

«Solíamos recordarnos el uno al otro que quien culpa a su hermano por pecados de los que ya se ha arrepentido, Dios le castigará a él haciéndole caer en esos mismos pecados».

AFORISMO SUFÍ.

–84–

El crepúsculo de los dioses

Una de las historias más bellas de la tradición nórdica la encontramos en la *Edda menor* y narra las pruebas que Thor, Loki y Thjalfe tuvieron que hacer frente en Utgard, la capital de los gigantes de hielo y escarcha, para salvaguardar su honor. Cansados tras un largo viaje, los dioses divisaron a lo lejos un castillo tan grande, y con las puertas tan altas, que pudieron pasar sin problemas por entre los barrotes de la entrada principal. Sentados alrededor del patio de armas encontraron decenas de aguerridos gigantes, quienes los llevaron ante la presencia de su rey, Utgard-Loki. El monarca, al ver frente a él al hijo de Odín, quiso darle una buena lección.

—No creo que lo que se dice de vosotros sea cierto —espetó el rey de los gigantes—. De hecho, tan solo me parecéis simples peregrinos que vienen ante mi presencia para suplicarme comida, bebida y cobijo. Pues bien, debéis saber que, si queréis salir de aquí con vida, tendréis que probar vuestra valía.

Loki, mal encarado, dio un paso al frente y dijo:

—Estoy totalmente seguro de que nadie en esta sala puede comer tanto y tan rápido como yo.

El rey mandó llamar a un gigante llamado Loge, puso a Loki al extremo de una mesa, a Loge al otro, y una gran bandeja de carne asada entre ambos. Cuando el rey dio la señal, los dos rivales empezaron a devorar los alimentos hasta que llegaron a la par al centro del tablero. Aunque Loki se había comido toda la carne, el gigante además había consumido también los huesos, por tanto, Loki tuvo que aceptar su derrota.

Seguidamente Thjalfe dio un paso al frente y dijo:

—Yo soy el más veloz entre los de mi raza. Así que reto a cualquiera de vuestros súbditos a competir en una carrera conmigo.

El rey de los gigantes sonrió maliciosamente y llamó a un niño pequeño llamado Huge para que compitiera contra Thjalfe. Y de las tres veces que Thjalfe corrió contra Huge, en ninguna ocasión pudo vencerle.

Finalmente, Thor dio un paso al frente y dijo que se enfrentaría bebiendo a cualquiera de sus generales, por lo que el rey de los gigantes hizo venir a su copero con un enorme cuerno lleno de cerveza.

—Cualquier buen bebedor podría terminar este cuerno en tres sorbos. Un bebedor excepcional, lo haría en dos. Pero solo el mejor de los bebedores podría acabarlo de una sola vez.

Thor, confiado, tomó el fantástico cuerno con las dos manos y empezó a beber y a beber, pero cuando paró, descubrió que el cuerno seguía completamente lleno. Decidido a probar de nuevo, tomó aire y lo intentó por segunda vez con idéntico resultado. Por tercera vez, Thor volvió a tomar aire y comenzó a beber y a beber hasta que no pudo más. Sin embargo, el líquido del cuerno ni siquiera bajó un solo dedo.

Herido en su orgullo, Thor pidió poder resarcirse con otra prueba. A lo que el rey contestó:

—Nuestros hijos suelen jugar a levantar ese gato del suelo —dijo señalando a la criatura que permanecía acostada debajo de la mesa principal—. Si lo consigues, habrás recuperado tu honor.

Y, aunque el gato era grande, a Thor le pareció poca cosa, por lo que se dirigió hacia el lugar donde descansaba e intentó cogerlo en brazos. No obstante, por más que lo intentó, solo pudo levantar una de sus patas. Encolerizado, el dios del trueno se volvió contra Utgard-Loki y gritó que desafiaba en combate a cualquiera de los allí presentes.

—No voy a permitir que ninguno de mis hombres se rebaje a luchar contra ti, pero puedes intentar golpear a mi vieja nodriza, Elle.

Fuera de sí, Thor se lanzó contra la anciana, que permanecía impasible frente a todos los ataques de su contendiente.

Al cabo de un rato, el rey de los gigantes dio por terminada la velada. No obstante, invitó a los tres compañeros a pasar la noche en su castillo para resguardarse del frío. A la mañana siguiente acompañó a sus invitados a la puerta y, al ver a Thor tan abatido, le dijo:

—Oh, hijo de Odín, voy a confesarte la verdad. Realmente no sabes lo cerca que habéis estado de ganarme en todas mis pruebas, pero yo puse un hechizo en vuestros ojos que os impidió ver la realidad. Cuando Loki comió mucho y muy deprisa, no se dio cuenta de que su rival era el fuego, que lo consume y lo devora todo tan rápidamente que nadie puede compararse a él. El pequeño que corrió contra Thjalfe no era otro que el pensamiento, el cual es incluso más rápido que una flecha. Por último, en cuanto al enorme cuerno, no os disteis cuenta de que su otro extremo estaba inmerso en el mar, por tanto, por mucho que bebieras, jamás habrías podido vaciarlo. El gato que intentaste levantar era el mundo, y mi encorvada nodriza era en realidad la vejez, a la cual nadie, por mucho que la embista o ataque, puede detener.

Thor, loco de ira, alzó su martillo, llamado Mjolnir, e intentó golpear al rey de los gigantes. Pero, cuando estuvo dispuesto a descargar el golpe, vio que tanto su contrincante como el propio castillo habían desaparecido, por lo que aprendió que el hechizo más poderoso, el que es capaz de dejarnos totalmente ciegos y a merced de nuestros enemigos, es el orgullo y la vanidad que nacen del ego.

«He aquí que veo a mi padre. He aquí que veo a mi madre. He aquí que veo a mis hermanas y a mis hermanos. He aquí que veo el linaje de mi pueblo hasta sus principios. Y he aquí que me llaman, me piden que ocupe mi lugar entre ellos, entre los atrios del Valhala, el lugar donde viven los valientes para siempre».

ANTIGUA ORACIÓN VIKINGA

La arrogancia de no reconocer nuestros errores

¡Me han robado las gafas! ¡Me han robado las gafas! —gritaba un hombre corriendo por las calles.

Oyéndolo, el alguacil se le acercó y se dio cuenta de que las llevaba colgadas al cuello con una cuerda.

—¡Está loco! ¿Acaso no se ha dado cuenta de que lleva las gafas en el cuello?

El hombre, percatándose de su error, respondió:

—¡Claro! Seguramente el ladrón se las dejó aquí…

ENSEÑANZAS

En el Antiguo Testamento el mundo de la vanidad está representado por unas infranqueables murallas rodeando Jericó como metáfora del corazón de los hombres. Un corazón que es inmune a lo que pasa a su alrededor, pues únicamente se ha dedicado a satisfacer sus propias necesidades. Por más que Josué —es decir, la conciencia— atacase las paredes, estas no mostraban ningún rasguño. Esto fue así hasta que el Arca de la Alianza —es decir, el Destino— acompañó a Josué en su circunvalación de la ciudad.

Milagrosamente, cuando la procesión terminó, las murallas habían caído, lo que quiere decir que hay corazones duros como piedras que parecen infranqueables y que, por más que arremetamos contra ellos, aparentemente no les haremos nada. No obstante, cuando los actos virtuosos van acompañados de las singularidades del Destino, suelen hacer mella en esos corazones de piedra, creando una brecha por donde pueda pasar la luz.

Imitando a Jesús

Cuentan que hace dos mil años vivió en Jerusalén un joven que amaba tanto a Jesús que comenzó a hablar como él, se dejó crecer el pelo y la barba, vestía una túnica blanca y calzaba sandalias de cuero como él hizo. En cierta ocasión, uno de los apóstoles le preguntó:

—Hijo mío, ¿por qué vistes así?

—Oh, señor, porque amo mucho a Jesús de Nazaret y quiero imitarle en todo.

—¡Muy bien! —dijo el apóstol—. Ya has hecho lo más fácil, que es cambiar por fuera. Ahora te queda lo más difícil, que es cambiar por dentro. Imitar a Jesús no es vestir como él, sino esforzarte por tener su mismo corazón.

ENSEÑANZAS

En el cristianismo Dios bajó a la tierra para mostrarnos que los hombres podemos elevarnos al cielo. Uno de los milagros de Jesús que sin embargo ha pasado desapercibido es que trascendió su individualidad, dándose completamente a los demás. Trascender es comprender que, más allá de nosotros, hay otros seres con los que compartimos ese hilo al que todos estamos atados que es la vida. Por tanto, si abrazamos a todos los seres, podremos superar nuestra individualidad, salir del egoísmo y trascender, convirtiéndonos en un río que, como está siempre fluyendo, será capaz de repartir su virtud a cuantos se encuentren en nuestro curso.

En cambio, el egoísta es quien lo quiere todo para sí; aquel que no desea trascender pues se cree el centro del mundo y, por tanto, se ha convertido en un charco de aguas estancadas que guarda todo lo que tiene sin dar nunca nada. Al final, estos seres, como el agua del charco, se pudrirán y todo lo que acumularán a su alrededor será pestilencia.

–87–

El mundo soy yo

C uentan en Nepal que, en cierta ocasión, un monje estaba recogiendo leña cuando, de repente, vio que un perrillo se le acercaba. Temiendo que pudiera morderle, el hombre le tiró una piedra y le dio en el costado, por lo que el cachorrillo salió corriendo, aullando de dolor. Esa misma tarde, haciendo la puja vespertina, el monje se dio cuenta de que la estatua de Shiva tenía un lado amoratado, por lo que, extrañado, comenzó a tocarla con el dedo. En ese momento la estatua abrió los ojos y dijo:

—¡Ten cuidado! Todavía me duele el golpe que me has dado.

El monje, sorprendido, echó el rostro a tierra y, entre sollozos, preguntó:

—Oh, Señor, ¿cuándo te he dado yo un golpe?

A lo que la divinidad respondió:

—Esta mañana, cuando me tiraste una piedra. Todo en el mundo soy yo, por tanto, cuando dañas a alguna de mis criaturas, a mí me estás dañando. Y cuando beneficias a alguna de mis criaturas, a mí me estás beneficiando.

ENSEÑANZAS

Shiva estuvo con el monje todo el tiempo, pero no podía reconocerlo por los velos que tenía delante de su visión, fruto de su falta de compasión. No dependía de Shiva que lo viera, sino del monje. Según su karma, los seres pueden ver a Dios con una forma u otra, aunque no lo reconozcan. A veces se presenta como un amigo, otras como un enemigo, otras como un indigente, otras como un señor... El sacrificio de uno mismo por los demás provoca una gran purificación, limpia el karma negativo y hace que nazcan nuevos ojos.

–88–
Purificarnos

D urante uno de los últimos días que pasé junto a mi maestro, un compañero y yo discutimos acaloradamente con un chico que frecuentaba la mezquita. Esa misma tarde, después de la oración, el maestro nos dijo a los dos que no debíamos rezar sin antes habernos purificado bien. Ambos nos quedamos pensando. Yo, por mi parte, fui a buscar al chico con el que me había enfadado para reconciliarme con él, pero mi compañero, desde ese momento, puso mucho más esmero en sus abluciones. Cuando nuestro maestro nos volvió a ver, no dijo nada, pero yo noté en su sonrisa un destello de complicidad.

ENSEÑANZAS

Cada cuento y cada consejo espiritual tienen tres interpretaciones. La primera es clara; la segunda contiene un significado más profundo, al que solo es capaz de llegar aquel que se ha dejado empapar por el espíritu de su maestro; y, por último, está el significado más importante, el de cómo tú interpretas y vives esa enseñanza. ¿Quién de los dos desentrañó correctamente la orden de nuestro maestro, mi compañero o yo?

–89–
El órgano equivocado

Había dos hombres dentro de una habitación, uno era creyente y el otro no. De repente el creyente le dijo al otro:

—Me gustaría saber si en este cuarto hay luz o tinieblas, si es de día o es de noche.

—¡Eso es fácil! —contestó el otro—. Tan solo tienes que abrir los ojos y comprobarlo.

—¡No! —dijo el creyente—. ¡No quiero abrir los ojos! Quiero escuchar si es de día o de noche, quiero oler si está claro u oscuro, quiero sentir si hay luz o tinieblas.

Pero el ateo insistió:

—Para saber si es de día o es de noche tienes que abrir los ojos. Ese es el órgano adecuado para comprobarlo.

A lo que el creyente respondió:

—Amigo mío, peor que mi equivocación es la tuya, porque si quieres sentir, escuchar, ver, oler y tocar a Dios, el único órgano con el que puedes hacerlo es con el corazón. Ese es el órgano adecuado.

ENSEÑANZAS

Durante los cuarenta años que los israelitas vagaron por el desierto, Dios les hacía bajar pan del cielo. La gente buena lo encontraba en la entrada de su tienda. En cambio, los injustos tenían que ir a buscarlo al desierto. Quienes lo encontraban en sus tiendas, además, no tenían que cocinarlo, pero los que lo traían del desierto se veían en la obligación de molerlo, amasarlo y cocerlo. Así, todos sabían quién había cometido un pecado el día anterior, en quién se podía confiar y en quién no.

Igual que ellos, hay gente que es capaz de encontrar a Dios en la puerta de su casa, en cambio otros tienen que salir a buscarlo a los lugares más recónditos. Si al final consiguen encontrar su pan del cielo, tienen que cocinarlo, es decir, que todavía no están preparados para saborear directamente el dulzor de Dios. En cambio, otros, negando lo evidente, prefieren morirse de hambre.

–90–
Ángeles en Medina

E n el año 2005 tuve la fortuna de poder viajar a Arabia para hacer la peregrinación a La Meca y Medina. Medina es una ciudad sorprendente. La mezquita-mausoleo del profeta Muhammad acoge peregrinos a todas horas, protegiéndolos con una bendición que, durante cientos de años, los santos más increíbles de la religión del desierto han ido dejando en ese lugar. La leyenda asegura que todos los días, y a todas horas, infinidad de ángeles se pasean por las inmediaciones de lo que fue la casa del Profeta, repartiendo bendiciones a los que allí se hallan rezando, meditando o sencillamente leyendo el Corán.

Cuando cae la noche, para que los peregrinos puedan deleitarse con el cielo estrellado de las noches árabes, se abre el techo de la mezquita, que está soportado por hermosas columnas que se asemejan a enormes palmeras repartidas aquí y allá. Tras haber pasado la tarde sumido en la recitación de las letanías prescritas, decidí que había llegado el momento de regresar al hotel para descansar de tantas emociones. No obstante, antes de salir, quiso el Destino que me encontrara con algunos chicos marroquíes, y la afinidad de culturas y la vecindad entre nuestros países me invitó a pararme con ellos y a charlar sobre todo tipo de peculiaridades mientras el movimiento de la bóveda celeste seguía su curso hacia el amanecer.

Miles de temas pasaron por nuestra tertulia antes de que, salido de la nada, un anciano se abalanzara sobre nosotros y nos preguntara acerca de las últimas palabras que habíamos pronunciado. Impactados, no quisimos contestarle antes de saber a qué se debía su extraña actitud. Por lo que el hombre nos confesó: «Estaba yo terminando mis oraciones cuando quisieron mis ojos fijarse en ustedes. Sobre sus cabezas, siguiendo la conversación, pude ver cómo un ser alado volaba de uno a otro, sonriendo complacido por las cosas que oía. Desde pequeño, el Señor me bendijo con la virtud de poder distinguir a sus ángeles. Pero, de repente, el ángel se asustó y huyó de ustedes debido sin duda a algo que dijeron. Por eso les pregunto: ¿cuál fue su última conversación? Porque tengan en cuenta que, lo que haya sido, hace huir a los ángeles».

Debo admitir que me quedé profundamente impresionado por su relato. El anciano señaló el lugar donde se encontraba, donde todavía descansaban sus pertenencias, y pude comprobar que era imposible que hubiese oído nuestras palabras desde aquella distancia. Sin mencionar que tampoco entendía ni una palabra de español. Avergonzados, declaramos que nuestra conversación había versado acerca de las especulaciones que se estaban haciendo en Occidente en torno a Jesús, pues uno de mis compañeros afirmaba creer que el Maestro estaba casado con María Magdalena y que además podría haber tenido algún que otro hijo.

El eremita, que después descubrí era un derviche errante, antes de despedirse nos aconsejó que olvidásemos todas aquellas patrañas y que dedicásemos nuestro tiempo en aquel lugar sagrado para rezar y recordar a Dios. Y, desde aquel momento, he intentado no elucubrar sobre los asuntos de los hombres para centrarme única y exclusivamente en Dios.

ENSEÑANZAS

Jesús eres tú mismo. Tú que te sientes inspirado a llenar tu vida con actos de amor. Allá donde la virtud florece se encuentra el espíritu del hijo de Dios. Por eso Jesús no ha muerto, y donde dos o tres se reúnan para ayudar al enfermo, al necesitado, a la viuda o al huérfano, está él trabajando en medio de ellos. Tan solo hay que querer reconocerlo. Jesús no es diferente a la mejor versión de ti, como tú no eres diferente de Dios.

–91–
El collar de perlas

Hace algún tiempo vivió en las afueras de cierta ciudad una familia muy pobre. El hombre, honrado y trabajador, salía todos los días a buscar leña al bosque que después vendía en el mercado, ganando algunas monedas para su familia. Como cada domingo, su hija pequeña le acompañaba al mercado para ayudarle, por lo que, en cierta ocasión, pasando por delante de una juguetería, la pequeña se quedó prendada de un collar de perlas de plástico que había en el escaparate. Imaginando que aquel collar podría convertirla en una princesa, la pequeña tiró de la mano de su padre y le preguntó si tenían dinero para comprar aquel collar. Pero el hombre, con lágrimas en los ojos, le confesó que apenas si tenían dinero para comer.

No obstante, la pequeña no se dio por vencida y decidió juntar el dinero necesario para poder comprarlo. Cuando llegó a casa comenzó a ayudar a sus vecinos en todas sus labores, haciendo pequeñas tareas en sus casas o cuidando de otros niños. De esa manera, después de algunos meses, consiguió las pocas monedas que costaba el collar y pudo comprárselo. Aquel collar la hacía soñar con otros mundos llenos de príncipes y de princesas. Sin embargo, cuando cayó la noche, su padre entró en el dormitorio y le preguntó:

—María, ¿me amas?

Desconcertada, la niña contestó.

—Por supuesto que te quiero, papá. Eres la persona más buena del mundo. Veo cómo trabajas todos los días para que podamos salir adelante. Te quiero muchísimo.

—María, si me amas, regálame tu collar de perlas —dijo el hombre.

Pero la niña, agarrando el collar con ambas manos, contestó:

—Papá, por favor, no me pidas mi collar de perlas. He trabajado mucho para conseguirlo y lo quiero tanto. Si quieres puedo darte cualquier otro juguete, pero, por favor, no me pidas mi collar de perlas.

El padre, quitándole importancia al asunto, le dio un beso en la frente y salió de la habitación. No obstante, a la noche siguiente volvió a la habitación de su hija y le preguntó:

—María, ¿me amas?

Tapándose el collar, la pequeña afirmó:

—¡Por encima de cualquier cosa!

—Si me amas —siguió el padre—, regálame tu collar de perlas.

—Por favor, por favor —suplicó la niña— no me pidas mi collar. Me ha costado mucho trabajo ganarlo y deseaba tanto tenerlo. Si quieres te doy cualquier otra cosa. Todo menos mi collar de perlas.

El padre, como la vez anterior, le dio un beso en la frente y salió de la habitación. Sin embargo, a la noche siguiente volvió al dormitorio de la pequeña, pero esta vez ella lo estaba esperando con lágrimas en los ojos.

—María, ¿qué te sucede? ¿Por qué lloras?

—Toma, papá, mi collar. ¡Te lo regalo!

—¿Acaso ya no lo quieres? —preguntó el hombre.

—¡Oh, sí que lo quiero! —respondió ella—, pero te lo doy porque te quiero más a ti.

Entonces el padre se sentó junto a su hija, guardó el collar de juguete en su bolsillo y sacó un precioso collar de perlas auténticas.

—Este es el collar de nuestra familia. Antes perteneció a tu madre, y antes que tu madre a tu abuelita. Solamente puede ser regalado cuando los hijos aprenden a valorar más el corazón de sus semejantes que los objetos materiales. El egoísmo es la enfermedad que está arruinando a la Humanidad, por tanto, recuerda siempre esta lección, hija mía, nunca des más valor a las cosas que a las personas, sobre todo si esa persona es alguien que cada día te está demostrando su amor.

Hace algunos años recibí la carta de una amiga contándome que había encontrado dos tréboles de cinco hojas. Uno se lo había quedado ella y otro me lo había enviado a mí. Estos tréboles, según la creencia popular, son una representación de la Mano de Dios en la naturaleza y solamente podían hallarlos aquellas personas que estaban comprometidas espiritualmente.

Pasó el tiempo y, a pesar de que siguió buscándolos, ya nunca encontró ninguno más. Sin embargo, cierto día supo que una compañera de trabajo estaba pasando una situación difícil y decidió regalarle el suyo a modo de talismán. Pero lo más curioso fue que, al llegar a casa, como por instinto, miró dentro de una de sus macetas y allí mismo encontró no solo un trébol, sino cinco más. ¡Cinco tréboles de cinco hojas! Cuando decidió desprenderse de lo que más quería, el Universo respondió a su llamada, entregándole no solo el doble, sino cinco veces más de lo que había dado. He aquí la prueba de que el cielo tiene sus propios caminos y sus propias reglas, que nos señalan que la bienaventuranza está en la generosidad de dar más que en el deseo de recibir...

«—Si doy esto, ¿qué quedará para mi disfrute? —ese es el pensamiento egoísta.
—Si me guardo esto, ¿qué tendré para dar? —ese es el pensamiento de los seres iluminados».

SHANTIDEVA

El destino es inevitable

Hace algunos años vino a verme un hombre para preguntarme si podía enseñarle a meditar y si, con la meditación, podría curar el cáncer que le habían diagnosticado. Compadeciéndome de él, le expliqué que por más que meditara, no podría frenar el fatal desenlace. Pero lo que sí podría hacer es controlar su mente para que en los momentos previos a la muerte el tránsito discurriera lo más tranquilamente posible. Desafortunadamente no pude hacerle ver que, cuando llega la hora de marcharnos, no hay nada que podamos hacer. Como decía una antigua maestra que conocí, ya llevamos el cadáver a cuestas y lo único que nos separa de la muerte es un suspiro. Con todo, que podamos afrontar la muerte sin temor ya será todo un logro.

ENSEÑANZAS

Una mañana, el califa de El Cairo vio que su primer visir se presentaba ante él en un estado de gran agitación. Le preguntó entonces por la razón de aquella inquietud y el visir le dijo:

—Te lo suplico, señor, deja que me vaya de la ciudad hoy mismo.

—¿Por qué? —preguntó el califa.

—Esta mañana, al cruzar la plaza para venir a palacio, he notado un golpe en el hombro. Me he vuelto y he visto a la Muerte mirándome fijamente.

—¿La Muerte?

—Sí, la Muerte. Allí estaba y me miraba para asustarme. Estoy seguro de que anda buscándome. Deja que me vaya de la ciudad ahora mismo. Cogeré mi mejor caballo y esta noche puedo llegar a Damasco.

El califa, que sentía un gran afecto por su visir, lo dejó partir. Instantes más tarde, el monarca decidió disfrazarse y salir de su palacio. Se fue solo hasta la gran plaza, buscó a la Muerte y al momento la reconoció. Alta y delgada, vestida de negro, el rostro medio cubierto por un chal tenebroso. Iba por el mercado de grupo en grupo sin que nadie se fijase en ella, rozando con el dedo a algún hombre, tocando el brazo de alguna mujer y esquivando a los niños que corrían hacia ella. El hombre se dirigió hacia la Muerte.

—Tengo que hacerte una pregunta —le dijo el califa en voz baja.

—Te escucho.

—Mi primer visir es todavía un hombre joven, ¿por qué entonces lo has asustado esta mañana? ¿Por qué lo has mirado con aire amenazador?

La Muerte pareció sorprendida y contestó:

—No quería asustarlo y no lo he mirado con aire amenazante. Cuando hemos chocado esta mañana y lo he reconocido, no he podido ocultar mi sorpresa, porque no esperaba verlo aquí cuando tengo una cita esta noche con él en Damasco.

«El río tiembla de miedo antes de entrar en el mar. Según dicen, instantes previos, mira hacia atrás y contempla todo lo que ha recorrido. Observa con melancolía las cumbres y las montañas, el largo y sinuoso camino que atravesó entre las selvas y los pueblos. Luego echa la vista hacia delante y se estremece por la visión de un océano tan extenso. Piensa que, si entra en él, desaparecerá para siempre. Pero ya no hay vuelta atrás. El río no puede volver, la naturaleza lo empuja hacia la inmensidad. Nadie puede volver atrás. Regresar al pasado es imposible en la existencia. El río entonces acepta que debe arriesgarse y entrar en el océano, en lo desconocido, en el más absoluto misterio. ¡Ese es su destino! Solamente entrando en él, el miedo desaparecerá, ya que únicamente en ese momento comprenderá que no se trata de desaparecer, sino de volverse océano».

KHALIL GIBRAN

–93–
Nuestro trabajo

Cuentan que cuando Dogen Zenji trajo el budismo zen a Japón, los hombres que allí había estaban totalmente corrompidos por el poder, las tradiciones y el dinero, por lo que era habitual que le insultaran y le agredieran en la calle.

Cierto día, armados con hachas, azadas y antorchas, algunos fanáticos pintaron palabras injuriosas en la puerta de su monasterio y destrozaron todo lo que encontraron a su paso. Los alumnos de Dogen, muy preocupados por su seguridad, se acercaron a él y le preguntaron:

—¿Regresarán?

—Siempre regresan —contestó el maestro.

—¿Y qué haremos cuando vuelvan? —volvieron a preguntar los discípulos.

—Volveremos a limpiar la puerta —dijo Dogen con voz serena—. Ellos siempre destrozarán el mundo y lo ensuciarán, porque ese es su trabajo. Y nosotros siempre lo limpiaremos y lo recompondremos, porque ese es el nuestro.

ENSEÑANZAS

Según las gafas que nos pongamos cada día, así veremos el mundo que nos rodea. Ante la imagen de un padre abrazando a su hijo, la mirada de la compasión tendrá que emocionarse, mientras que los que llevan otras gafas distintas solo verán lo que su mente les ponga por delante. Si el padre y el niño son de otro país, la mirada del racista no verá la belleza, sino a dos extranjeros que vienen a qui-

tarle su trabajo. Si son musulmanes, la mirada del odio
hará que muchos vean a un padre aleccionando a un
futuro islamista radical. Y si son pobres, alguien pensará
que el hombre no tiene vergüenza al haber tenido a un
hijo que no podrá alimentar... De esta manera, cada cual
se irá alejando de la belleza que hay en ese acto de amor
para adentrarse en la oscuridad de sus propios demonios.

«Miles de veces al día los sentimientos se visten de personas y salen a recorrer el mundo».

LA TABERNA DEL DERVICHE

–94–
El falso maestro

Cuentan que hace mucho tiempo vivió un sabio que siempre estaba jactándose de serlo. Como su fama se fue haciendo cada vez mayor, mucha gente lo admiraba y lo llamaba maestro. Cierto día, un joven muy humilde, pero con insaciables inquietudes espirituales, se le acercó y le hizo toda clase de preguntas existenciales. A cada pregunta del muchacho, el sabio bajaba la cabeza y buscaba una excusa para no responderle porque realmente no sabía cómo hacerlo. Día tras día el muchacho regresaba a ver al sabio hasta que sus seguidores acabaron impidiéndoselo.

—¿Por qué no puedo acercarme al maestro? —preguntó desconcertado.

—Porque haces preguntas que dejan al maestro en evidencia y él ya se ha hartado de ti —contestaron los esbirros.

—Pero solamente pregunto lo que no sé.

—Ya —sentenció uno de los secuaces—, pero a ningún sabio le gusta que le hagan preguntas que él tampoco sabe.

Así el muchacho comprendió que a los que se hacen pasar por maestros no les gusta que alguien venga a probar su sabiduría. Sin embargo, a los auténticos maestros, por la humildad de su condición, no les importa reconocer que ignoran más de lo que saben.

ENSEÑANZAS

La tradición hebrea sostiene que justamente en la grandeza del Creador también se encuentra su humildad, y además asegura que donde una persona arrogante vive, Dios nunca pone el pie.

Los eruditos de todas las épocas han tenido la común tarea de domesticar a esa fiera salvaje que todos llevamos dentro, el ego. Una fantasía plagada de ignorancia que ha secuestrado nuestra consciencia y pugna por vivir nuestra vida siendo en realidad pura nada. El ego es la oscuridad de la mente que, en su dualidad aparente, se manifiesta para ocultarnos la luz del sol. Curiosa paradoja es esta. Ponemos una lámpara delante del sol para poder ver el sol. Pero ¿para qué necesitamos una lámpara? ¿No se muestra el sol por sí mismo sin necesidad de ella?

«El Sabio actúa sin apropiarse de nada y sin esperar resultados. No reclama mérito alguno por lo que ha hecho, no se detiene en su obra, pero tampoco se ausenta de ella, por eso su obra prospera».

Tao Te Ching

–95–
El alfarero

Siendo niño, unos jóvenes de la capital quisieron hacer un campamento de verano cerca de donde yo vivía y mis padres decidieron apuntarme a sus actividades. Antes de comer tengo por costumbre rezar silenciosamente, dando gracias a Dios por los alimentos que voy a tomar. No obstante, mi plegaria supuso una gran afrenta para uno de los monitores que, al verme rezar, no paró de incordiarme y de burlarse de mí, pues se consideraba una persona muy moderna. Yo, con apenas doce años, no entendía, ni aun ahora lo hago, de modas, sino más bien de lo que siento cuando mi alma se pone en contacto con la Eternidad, y con silenciosa estoicidad encajé sus burlones comentarios sin hacer caso a su arrogancia. Él aseguraba que el mundo había surgido tal cual es por puro azar.

Cierto día, harto ya de sus sermones, conociendo que era él quien impartía el taller de alfarería, me paré frente al torno mirando fijamente un montón de arcilla. Cuando reparó en mí, se acercó y me preguntó qué hacía y por qué no estaba trabajando.

Sin apartar los ojos del montón de barro, dije:

—¿Ves la arcilla? Pues se va a convertir en un jarrón sin que nadie la toque. ¡Estate atento!

Desconcertado, finalmente se echó a reír. ¡Había caído en mi trampa! Delante de toda la clase, queriendo ponerme en ridículo, vociferó:

—¡Estás loco! ¿Cómo va a hacerse el jarrón a sí mismo?

—¿Y cómo piensas tú —contesté— que el mundo se ha podido hacer a sí mismo sin que una mente, un Alfarero, le dé su forma? Reconoces que un jarrón, algo insignificante, necesita una mente para crearlo y para pintarlo, pero especulas que este mundo y las maravillas de la naturaleza, el ciclo de las estaciones y las mareas, la perfección del cuerpo humano y de las criaturas se han creado a sí mismas. ¿Quién es el loco? ¡Deja la arcilla ahí por años y siglos! Cuando vuelvas no encontrarás ningún jarrón. No se habrá esculpido a sí mismo y no se habrá pintado. Seguirá siendo arcilla bruta. ¿Es que no vas a reflexionar?

El hombre, queriendo dar una respuesta, no supo hacerlo, y de su boca solamente salieron insultos y sonidos de desconcierto.

Sin dejar de mirarlo, me levanté y salí de allí. Al cabo de un rato estaba meditando debajo de un olivo, contemplando mi mente e intentando descubrir la mano de Dios tras ella.

ENSEÑANZAS

Hay personas que ven el jarrón pero no son capaces de ver la mano del Alfarero tras él. Hace unos días, después de dar una conferencia, unos amigos me invitaron a cenar. Entre los asistentes estaban reconocidos periodistas, gente de la televisión, miembros de distintas confesiones religiosas y algún que otro descreído. Como siempre, antes de comer, bajé mi cabeza, junté las manos y me dispuse a darle las gracias a Dios por los alimentos que iba a tomar. Estando en estas, de repente sucedió algo muy extraño y toda la algarabía que me rodeaba fue convirtiéndose en susurros; luego los susurros se convirtieron en silencio, hasta que terminé mi oración, abrí los ojos y descubrí que todos me estaban mirando. Entonces alguien propuso un brindis y el silencio se rompió, pero la magia siguió flotando en el ambiente.

Tengo que reconocer que sentí que había hecho algo especial. Un pequeño gesto que posiblemente ninguno de los que estaban allí habían visto antes en público. Fue entonces cuando descubrí que el mundo puede cambiar día a día con las pequeñas cosas; porque son esos pequeños detalles los que al final producirán el cambio que necesitamos para revolucionar y revolucionarnos.

–96–

San Francisco y su caballo

El joven Francisco crecía en orgullo y ambición guerrera, en soberbia y vanidad hasta que algo inesperado le sucedió de camino a la guerra. Saliendo de Asís por Porta Nova, tomó el camino de Apulia hasta que la noche se le echó encima. Tendido estaba en su lecho, medio despierto, medio dormido, cuando de repente oyó una voz que le preguntaba hacia dónde se dirigía.

—A Apulia para ser armado caballero —contestó Francisco.

—Dime, Francisco —siguió la voz—, ¿a quién quieres servir, al Amo o al siervo?

—Al Amo ciertamente —contestó el joven.

—¿Cómo entonces vas tú buscando al siervo y dejas al Amo? ¿Cómo abandonas a Dios por el Papa?

Francisco entendió quién era su invisible interlocutor y exclamó:

—Señor, ¿qué quieres que haga?

A lo que la voz contestó:

—Vuélvete a tu patria y allá te diré lo que debes hacer.

Calló entonces la voz y Francisco despertó, revolviéndose en la cama pugnando en balde por conciliar el sueño.

Llegada la mañana, se levantó y ensilló su caballo. Francisco dejó caer su espada y su casco sobre el rocín, miró al cielo y vio a las alondras volando sobre su cabeza y deseó ser como ellas. Sencillas, humildes, siempre alegres y puras, sin nada de qué preocuparse porque sabían que Dios velaba por ellas. Bajó luego la cabeza y descubrió a las pequeñas flores que se repartían a un lado y otro del sendero y deseó también ser como ellas, que ni trabajan ni van a la guerra y, sin embargo, Dios las viste con tal belleza que ni Salomón, en todo su esplendor, se le puede comparar. Finalmente miró a su caballo y le quitó la silla, dejándole correr libre.

Contemplándole, se percató de su belleza salvaje, de sus cascos pisando por primera vez la tierra sin que nadie le ordenara adónde ir ni de dónde venir... y lloró de alegría. ¡Esa era la felicidad que él buscaba! Todos estos años había estado cargando el peso de su posición, de ser el hijo de un rico comerciante de telas y de lo que todos esperaban de él. Había buscado una felicidad fugaz en las posadas de las aldeas vecinas y en los cantos llenos de pasiones que no conseguían llenar su vida.

Francisco caminó lentamente hacia Asís pensando en cómo iba a explicarle todo esto a sus padres cuando de repente oyó un ruido a su espalda y se dio la vuelta. Su caballo, a quien había liberado momentos antes, regresaba a él para servirle. Solo en aquel momento Francisco comprendió que el amor no debe sujetar a nadie con correas, ni que se le deben colocar estribos ni bocados, sino darle la libertad de elegir qué camino seguir y a quién servir.

Él, como su caballo, había vuelto al Señor porque el Señor le había dado la libertad de poder buscarle y encontrarle. ¡Ese era el verdadero amor! El que siempre espera con paciencia puesto que no sabe hacer otra cosa. Francisco lloró abrazándose a la crin del animal y se vio reflejado en él. Por primera vez sintió el lenguaje secreto que Dios utilizaba para comunicarse con sus hijos por medio de la creación y se maravilló.

Desde lo más profundo de su alma surgió el llanto, pero esta vez era un llanto de alegría y de felicidad.

—¡Quiero volver a ti, oh, altísimo Señor! ¡Quiero ser quien Tú quieres que sea! —dijo mientras las lágrimas corrían por sus mejillas.

–97–
Los tres sabios

E n cierta ocasión, una mujer se acercó a un maestro espiritual solicitando su consejo, por lo que el anciano le dijo:
—A veces lo mejor que se puede hacer para solucionar un problema es dejar que se solucione por sí mismo. ¡No hagas nada!

De vuelta a casa, se encontró con otro maestro y le planteó el mismo conflicto. A lo que el anciano respondió:
—Para solucionar cualquier problema tienes que atajar la raíz del conflicto. ¡Actúa enseguida!

La mujer regresó a su aldea sin saber qué hacer, ya que dos afamados maestros le habían dado distintos remedios para una misma situación, así que decidió consultar a un tercer erudito, el cual le explicó:
—No siempre todo lo que aconsejan los maestros es acertado... ni siquiera esto que te acabo de decir.

ENSEÑANZAS

Muchas personas hacen grandes viajes para ver a maestros espirituales y, cuando los encuentran, les exponen problemas mundanos como si ellos pudieran resolvérselos de manera mágica y maravillosa. La mayoría de eruditos espirituales no suelen llevarse bien con el mundo, por lo que sus soluciones no resultan demasiado prácticas. Cuando estuve junto a mi maestro, un joven de Granada le dijo que no podía encontrar trabajo, por lo que mi maestro le ordenó:

—¡Busca trabajo en la Alhambra!

Como era de esperar, cuando el muchacho regresó a su ciudad y fue a pedir trabajo a la Alhambra, se rieron de él.

En otra ocasión un chico se acercó a mi maestro y le dijo que estaba buscando una esposa. Mi maestro miró a su alrededor, señaló a la muchacha que tenía más cerca y le ordenó que se casara con ella. Desafortunadamente, al cabo de unos meses de convivencia, la cosa no acabó bien para ninguno de los dos. Y es que los maestros espirituales pueden darnos indicaciones para llegar a Dios siguiendo un camino recto, pero no son oficinas de empleo, ni agencias matrimoniales, ni tampoco disponen de una baraja del tarot para saber qué nos deparará el destino.

–98–
El temor de los gorriones

Dicen en Ispahán que, al atardecer, cuando está cayendo el sol, los gorriones no paran de cantar porque creen que el mundo se va a acabar y que el sol no volverá a salir por la mañana. Entonces se esconden y se pasan toda la noche temblando y temiendo a la oscuridad. Sin embargo, cuando llega la alborada y ven de nuevo la claridad, vuelven a cantar llenos de felicidad hasta que vuelve a caer el atardecer.

ENSEÑANZAS

Como los pajaritos del cuento, los seres humanos vivimos constantemente preocupados por el mañana, con miedo de lo que vendrá, por eso dejamos escapar el ahora. Como reza el adagio: «Me he pasado la vida temiendo cosas que solo ocurrieron en mi mente».

–99–
La vida sin esfuerzo

Cuentan que, en cierta ocasión, un joven decidió comprarse una pequeña extensión de terreno con el que pretendía hacerse rico sin demasiado esfuerzo. Nada más cerrar el trato, se acercó al huerto y, viendo que no había crecido nada, levantó la vista al cielo y comenzó a quejarse de su suerte. De regreso a casa, su padre le explicó:

—Hijo mío, la vida no va a recompensarte si tú mismo no trabajas duro para conseguir tus sueños. No se puede cosechar sin haber regado; no se puede regar sin haber plantado; y no se puede plantar sin haber arado.

Al cabo de poco tiempo, el muchacho vendió el campo y compró un rebaño de ovejas pensando que podría hacerse rico dejando que las ovejas pastasen solas. No obstante, los animales comenzaron a morirse uno tras otro, por lo que su padre le explicó:

—Hijo mío, la vida no te va a recompensar si tú mismo no trabajas duro para conseguir tus sueños. No puedes comprarte un rebaño de animales sin conocer los pormenores del oficio, para lo cual deberías haber acudido a un ganadero para que te adiestrara en las labores del pastoreo.

Pero como tampoco hizo caso a esto, vendió los animales que le quedaban y se compró una pequeña barca con la que pretendía salir a pescar algunas horas al día, suponiendo que podría hacerse rico sin demasiado esfuerzo...

Muchas personas, dejándose llevar por sus delirios de grandeza, piensan que pueden ser grandes músicos, bailarines, escritores y artistas sin haberse formado previamente. Piensan que la vida les está esperando. Que de alguna manera el universo conspirará a su favor y que cuando decidan mostrar lo que tienen, todos les abrirán las puertas de par en par y que alcanzarán fama y fortuna en poco tiempo sin el menor esfuerzo, tan solo por ser quienes son. Es entonces cuando la vida les recompensa justamente con lo que se merecen: fracaso y frustración. Como relata el cuento anterior, nadie puede cosechar sin haber plantado, y esas semillas deben regarse con sudor y mucho esfuerzo.

Cinco pequeños cuentos para concluir

— 1 —

Cuando el policía John Grey falleció, su mejor amigo, un cachorro llamado Bobby, se quedó durante toda su vida velándolo junto a su tumba. Eso se llama fidelidad y es una de las características que definen la verdadera amistad.

— 2 —

En cierta ocasión, un hombre muy pobre consiguió una moneda para comprar una hogaza de pan. Cuando llegó a su casa, partió el pan en cuatro trozos, uno para cada hija. Cuando las niñas le preguntaron por qué él no comía, el hombre contestó que porque no tenía hambre. Eso se llama amor. Es la cualidad por la que antepones las necesidades de los demás a las tuyas propias.

— 3 —

Hace unos días vi a una niñita caminando de la mano de su madre. Cuando pasó a la altura de un mendigo, sin dudarlo ni un segundo, partió el dulce que se estaba comiendo y le ofreció un trozo al desconocido. Eso se llama bondad.

— 4 —

Había una vez una oruga que se enamoró de la flor que se encontraba en lo más alto de un árbol. El animalillo intentaba una y otra vez subir por el tronco, pero siempre se caía. No obstante, nunca dejó de intentarlo. Una noche, de tanto soñar con su amada, le salieron alas, se convirtió en mariposa y por fin pudo volar hasta besar su flor. A eso yo le llamo dedicación.

— 5 —

Algunos cuentos, por pequeños que sean, pueden sanar tu vida... Yo a eso le llamo esperanza.

Bibliografía

De Mello, A. (1998). *La oración de la rana.* Editorial SAL TERRAE.

Djalal al Din Rumi (1278). *Mathnawi.*

Fernández Muñoz, M. (2015). *50 cuentos universales para sanar tu vida.* Cydonia.

Fernández Muñoz, M. (2016). *33 secretos infalibles para atraer la felicidad y la paz.* Cydonia.

Fernández Muñoz, M. (2016). *99 cuentos y enseñanzas sufíes.* Almuzara.

Fernández Muñoz, M. (2017). *50 cuentos para aprender a meditar.* Cydonia.

Fernández Muñoz, M. (2019). *Viaje a la India para aprender meditación.* Almuzara 2019.

Fernández Muñoz, M. (2020). *Cómo sobrevivir en un mundo de egoístas.* Cydonia.

Fihi-Ma-Fihi (1996). *El Libro Interior. Djalal al Din Rumi.* Paidos Orientalia.

González Bórnez, R. (ed.) (2020). *El Sagrado Corán.* Miraguano ediciones.

Idries Shah (2006). La Sabiduría de los Idiotas. Edaf.

Khayyan, O. (2009). *Rubaiyat.* Ediciones Librería Argentina.

Sayj Ahmad Al-Alawi y González Rodríguez, J.J (2007). *El fruto de las palabras inspiradas. Comentario a las Enseñanzas de Abu Madyan de Sevilla.* Almuzara, Fundación Azzagra.

Tse, L. (2017) *Tao Te Ching.* Alianza Editorial. Traducción de Gabriel García-Noblejas.

El autor

Manuel Fernández Muñoz. Escritor y viajero incansable, ha recorrido el mundo y estudiado la espiritualidad de casi todas las religiones, bebiendo de ellas directamente. Ha convivido con chamanes en Sudamérica, estudiado meditación y budismo en la India y ha pertenecido a numerosas escuelas de mística en Argelia, Marruecos, Chipre, Turquía y Siria.

Ha colaborado en numerosos programas de radio y televisión, entre los que destacan *Espacio en blanco* (Radio Nacional de España) y *Cuarto Milenio* (Cuatro). Ha publicado artículos en prestigiosas revistas como *Más Allá de la Ciencia, Enigmas* y *Año Cero*. Autor, entre otros libros, de *Jesús no era cristiano* (Guante Blanco) y *Cómo sobrevivir en un mundo de egoístas* (Cydonia), con Almuzara ha publicado *99 cuentos y enseñanzas sufíes, Guía histórica, mística y misteriosa de Tierra Santa, Juicio a Dios, El Grial de la Alianza, Viaje a la India para aprender meditación, El regreso de la Diosa* y *Eso no estaba en mi libro de historia de los templarios*.